高校“视界”

吕学武　陈　波◎主编

江西科学技术出版社

图书在版编目（CIP）数据

高校“视”界 / 吕学武，陈波主编．—南昌：江西科学技术出版社，2018.11

ISBN 978-7-5390-6573-1

Ⅰ．①高…　Ⅱ．①吕…②陈…　Ⅲ．①高等学校－电视工作－研究－中国　Ⅳ．① G229.2

中国版本图书馆 CIP 数据核字（2018）第 237042 号

国际互联网（Internet）地址：
http://www.jxkjcbs.com
选题序号：ZK2018438
图书代码：B18207-101

高校“视”界　　吕学武　陈　波　主编

出版发行	江西科学技术出版社
社址	南昌市蓼洲街 2 号附 1 号 邮编：330009　电话：（0791）86623491　86639342（传真）
印刷	北京市金星印务有限公司
经销	各地新华书店
开本	710mm × 1000mm　1/16
字数	208 千字
印张	14
版次	2019 年 1 月第 1 版　2019 年 1 月第 1 次印刷
书号	ISBN 978-7-5390-6573-1
定价	52.00 元

赣版权登字 -03-2018-370

序 言

袁小平

传播学创始人施拉姆曾经说过“所有的电视都是教育电视”。尽管这只是一个比喻用语，但世界上第一座教育电视台诞生在大学校园却是一个不争的事实。据相关资料记载，世界上第一座教育电视台是1953年5月12日诞生于美国休斯敦大学的KUHT电视台，这是这所大学的骄傲。

中国本土的教育电视虽然不是从大学校园起步，但高等院校校园电视台的起步至少可以追溯到20世纪90年代。高等院校校园电视台从诞生之日起，就承担起了辅助教学、传播文化、助推思政、培养人才，乃至服务所在区域社会等使命，成为高等院校不可或缺的新生力量，而高校校园电视也以其自身的实践和探索不断丰富着中国本土教育电视的内涵与外延。高校校园电视也与中小学校园电视一起成为中国本土教育电视“一体两翼”中的重要一翼。

2011年，中国教育电视协会高校电视专业委员会的成立，为广大高校校园电视同仁搭建了一个沟通、交流、学习的平台，使得高校校园电视从“自在”走向“自为”有了可能。

7年多来，高校电视专业委员会积极开展节目交流、评比等活动，并建立了联合制作体，真正拧成了一股绳，发挥了“1+1>2”的聚合效应，为我国教育电视和我国高等教育事业的发展发挥了独特作用，做出了独特贡献。

早在20多年前，习近平同志就高瞻远瞩地指出“教育电视，大有可为”，这既是对于以往教育电视的肯定，更是对教育电视未来的期望。

习近平总书记在党的新闻舆论工作座谈会发表重要讲话时，强调“要提高业务能力，勤学习、多锻炼，努力成为全媒型、专家型人才”。在高校电视专业委员会的组织下，通过梳理和总结，各高校形成了一批有关自身成长历史、经验介绍、特色做法，以及如何加强媒体融合、提高影响力和传播力等方面的理论文章。今天，这些文章终于汇集在一起，并即将付梓，可喜可贺！相信这部文集的出版，对于研究中国教育电视的发展历程，探明未来的前进方向及发展策略都会有很好的借鉴意义。

希望高校电视专业委员会全体同仁牢记习近平同志嘱托，在习近平新时代中国特色社会主义思想指引下，百尺竿头、更进一步，团结协作、与时俱进、坚持创新、突出特色、提升水平，不断开创新局面，为抒写好“教育奋进之笔”而继续奋斗！

目 录

路漫漫兮再求索
——北京大学电视台情况介绍

陈　波

一、发展历史

北京大学电视台（以下简称北大电视台）成立于1989年10月，是国内最早成立的高校电视台之一。长期以来，北大电视台在学校的新闻宣传、人才培养、公共服务等方面都做出了重要贡献。

经过不断建设，目前，学校有线电视网覆盖范围为三区（校本部、附中、燕北园），三网（校内办公区域、家属区、学生食堂），入网用户约6000户，覆盖人数超过50000人。

20多年来，北大电视台充分发挥校内舆论监督作用和联系纽带作用，开办师生喜闻乐见的栏目，丰富大家的业余文化生活。1992年，成功举办了春节联欢晚会、《燕园之秋》中秋文艺晚会，并在北京电视台播出。1996年，北大电视台在第四届全国大学生电视剧创作比赛中，推出了一部由北大师生自编、自导、自演、自制的单本电视片《阳光路》（撒贝宁、张泉灵分别担任男女主角），并获得“奋进杯”奖。1998年，北大百年校庆期间，北大电视台在中央电视台的协作下第一次通过微博进行电视、广播现场直播。5月4日的人民大会堂庆典大会、五四校庆晚会成功地实现了在校内现场转播。1999年，北大电视台划归为学校党委宣传部直属部门，在学校党委的领导下，北大电视台在发展中不断总结经验，在电视的编、导、演、播等环节不断改进，并扩大和完善队伍，形成了一定的规模和实力。进入 21 世纪以来，北大电视台在“坚持正确导向、服务学校工作、准确传递信息、活跃文化生活”的办台方针指导下，提出了“一流大学创办一流电视台”的口号，以崭新的面貌在 21 世纪的道路上阔步前行。

目前，北大电视台有员工 9 名（主编 1 人、副台长 1 人、编导 3 人、记者 3 人、制作 1 人），学生记者团 150 多人，他们来自全校近 30 个院系。开办了定期播出栏目 8 个:《北大新闻》《第八日记者报道》《美丽人生》《PKUPK》《影视 1+1》《queen show》《听说》《Pkiller 狼人杀》。不定期播出栏目 5 个:《北大讲坛》《新闻直通车》《教师园地》《大讲堂》《新闻直通车》。每年制作完成视频新闻 700 条左右，全程录制新闻百余场（次），制作宣传片、专题片 30 余个，直播 20 多场。

2016 年春，北大电视台由原电教中心搬迁到北大新闻与传播学院楼，设备和办公场所焕然一新，启用了全新的 280 平方米高清全媒体演播室，全台实现了网络化编辑和制作、播出全流程高清化。

二、特色工作

在长期的实践中，北大电视台摸索出了一条适合自己的校园媒体发展之路，也逐步明晰了校园电视台在学校的功能职责。10 余年来，在做好新闻宣传、舆论引导等常规工作的同时，北大电视台全体员工在围绕学校重大活动的服务和教学实践上花了大量时间和精力，形成了自己的一些特色。

1. 重点抓好学校重大活动、事件的宣传报道和服务工作

如今的大学校园，日益成为社会关注的热点地带，许多重要活动在这里举行。利用这些人们共同关心的重大新闻事件，对新闻现场做全景式的直播和展示，挖掘台前背后的新闻故事，是校园媒体发挥优势、展现实

力的绝佳机会。

北京大学每年有不少国家领导人莅临、外国元首政要来访，对校园媒体来说，都是不可多得的报道机会。对此，北大电视台都会提前做好预案，派出多路记者跟踪拍摄、采访，并在活动的当晚推出《新闻直通车》节目，及时进行报道。

此外，在人群密集的大学校园，文化活动也丰富多彩。每个高校都有不少校园品牌活动，参与者众多。一个个品牌活动，与广大师生的学习、工作和生活紧密相连，往往会得到师生们的积极响应和热情参与。对于这样的活动，北大电视台通常不仅会为这些活动专门创作视频，还会对活动进行多机位现场直播。

2005 年的北大首届国际文化节，是北大电视台的第一次电视直播。为了把国际文化节的精彩活动内容迅速、最大范围地传播出去，北大电视台开始尝试电视直播方式。当时，硬件条件非常有限，各种品牌、型号的摄像机都派上了用场。因市面上没有便携式直播系统，所以临时购买了一个切换台和一个四联小显示屏。没有通话系统，就用民用的步话机代替，东拼西凑地搭成了一个直播系统。最终，在大家的共同努力下，仅用 10 万元左右的装备就比较顺利地完成了整个直播任务。

2006 年，为了配合当年学校本科生毕业典礼，北大电视台不仅对典礼进行了直播，还赶制了一部名为《今天，我们一起毕业》的视频。视频以当年的毕业生从入学到临近毕业的所有影像资料为内容，把同学们这四年经历的国家、学校大事和日常的学习生活情景与不同主题结合起来。这部片子在毕业典礼上播出后，全场掌声雷动，很多同学都流下了感动的泪水。鉴于此部视频的效果良好，此后，学校开学典礼、奖学金颁奖典礼也都加入了视频和直播环节。北大“三大典礼”的改革，受到了教育部和中央领导人的肯定，教育部还发文号召全国高校向北大学习。

2. 主动参与人才培养，提升大学生综合素质

大学最核心的使命就是培养人才。作为大学的电视台，同样要参与到人才培养的工作上来。这是校园电视台与社会电视台最大的区别，也是

校园媒体实现自我价值的体现。北大电视台有培养学生的良好传统，大家一直自觉地将学生培养作为工作的重要任务。

对于高校学生来说，在校园电视台的实习实践，首先收获的是媒介素养的提升。近年来，新媒体层出不穷，尤其是移动新媒体的出现，对人们获取信息乃至日常生活产生了巨大的影响，使得人们对媒体的依赖越来越强烈。如何在海量的媒介信息中选择、接受所需的信息，是每一个生活在现代社会中的人都要面临的问题。因此，媒介素养的重要性日益凸显。北大电视台学生记者团面向全校学生招收成员，演播室等设施在学校教学部门和设备管理部门的指导下，面向全校师生开放。学生们在学习实践的过程中，不仅了解了媒体，同时也学会了使用和利用媒体，掌握了一定的媒介传播、运营规律。

对于专业学生，高校电视台的育人功能更加明显。在日常工作中，北大电视台的老师会用大量时间和同学们交流。交流的内容包括基础技术培训、内容策划会议、节目评审、团队管理、制度建设、评奖鼓励等；电视台的同学也会参与到学校的大型活动和重要新闻事件的采访报道中，这些都是从实践中培养学生能力的重要途径。这些年，在中国新闻传播和媒体界，涌现出越来越多的北大校友，形成了具有鲜明风格的“北大派”。在这个过程中，北大电视台是有突出贡献的。比如大家熟知的几位央视的主持人：撒贝宁、张泉灵、李思思、舒冬……都是北大电视台培养出来的媒体人。除此之外，还有几位在地方卫视的主持人也出自北大电视台。不仅是主持人，北大电视台还走出了许多媒体幕后的工作人员，现在有很多已经成为频道总监、制片人、栏目主管等中坚力量和新媒体公司负责人。

在电视台工作，学生学到的不仅是电视节目制作的技能，更多的是提高了个人的综合能力，包括与人交流沟通的能力，团队的协调组织能力等，此外思考问题、理解问题的思维方式也在工作中得到了提升。做电视工作需要从全面的、宏观的角度考虑问题，这种全局的思考能力对同学们来说是十分重要的。另外，就是转换一种语言体系来进行自我表达的能力。影像表达在近几年越来越受到关注和重视，视听语言和书面表达、口头表达有很大的区别，是一种更加感性的表达方式。在现代社会信息高度发达，冗余信息充斥各个角落的背景下，影像的感性表达更能吸引人、感染人。这也是近年来，视频尤其是适合移动媒体传播的短视频越来越流行的原因之一。所以，影像表达也是当代年轻人需要掌握的重要技能。多年来，一个明显的现象就是，许多学生毕业后虽然从事的不是媒体行业，但都能发挥出他们在校园媒体中锻炼后的优势和价值，在上述的各方面表现出优秀的素质。由此可见，高校电视台对于学生的综合素质，包括专业技能、媒介素养、个人能力都有很大的提升，所以不能把高校电视台仅仅理解为一个学习视频技术的地方。

3. 加强媒体融合，创新内容方式

互联网的发展为整个传媒行业带来了巨大变化，新媒体环境下高校电视台应该怎么发展？就这一问题，北大电视台很早就开始思考并付之于实际尝试。2003 年，北大电视台建立了官方视频网站，将节目上传到网上。据了解，这是全国高校电视台中最早建立的官方网站之一。2006 年，北大电视台开始了与社会互联网平台如新浪播客、视友网、新华社、中青在线等的合作；2012 年，北大电视台开设了微博；2013 年，创建了自己的微信公众号和客户端 APP，这在全国高校媒体中也算是较早的一批。

“两微一端”建立后，为适应新媒体的传播特点，北大电视台陆续开发了一系列适合新媒体平台传播的节目，如《中国梦 · 北大梦》系列节目，请一些知名学者、优秀学生代表来谈谈心目中的中国梦、北大梦是什么，以很温馨的小短片，作为频道小片，穿插在各节目之间。《燕园风物》系列节目，深挖学校的人文地理历史，介绍学校的石碑、桥、古建筑等，以及背后的传说和故事。2016 年，北大电视台推出了一个报道科技成果的栏目——《北大之光》，尝试用动画、纪录片、电影片段等多种影像方式来表现晦涩枯燥的科技原理，受到了大家的一致好评。另外，还有贯彻党的群众路线教育实践活动的“北大后勤人”系列、“院系教务员”系列、“图书管理员”系列等，把镜头对准学校的基层劳动者，如学校的保安员、厨房师傅、水暖工人、修车工人等，从他们身上挖掘出平凡人的优秀品质。最近几年，随着影视技术的发展，北大电视台还尝试用流行的

延时摄影技术和无人航拍器，制作了《高处看北大》《航拍北大》等系列节目，用新的视频表现方式来展现北大，并通过微信推送，得到了大家的认可。

除了日常节目的推送，近年来，北大电视台在视频直播上也做了不少尝试，加强了和腾讯、优酷、网易、视友等视频网站的合作，对毕业典礼、新年联欢晚会等学校重大活动做了多次手机直播，效果良好。2016年，北大电视台首次尝试用手机4G信号对当年的国际文化节做了多通路云直播，同时开通了弹幕功能，发动学生“网红”对活动进行了多地点和多角度直播，校内外反响热烈。

4. 积极主办校园文化活动，提高自身影响力

校园媒体不仅宣传报道校园文化活动，同时其本身也是高校校园文化的有机组成部分。在宣传报道工作之余，校园媒体还努力发挥在师生中的影响力优势，积极主动策划、设计、开展校园文化活动。通过丰富的活动和文化熏陶，使参与者在活动实践中强化认知，从而拓宽与师生互动沟通的渠道，进一步提升影响力。基于这点认识，北大电视台利用自身的专业优势，一直致力于学校主持人队伍的选拔和培养，并且举办了多次主持人大赛和交流活动。经过10余年的积累，目前，主持人大赛已经成为北大校内的品牌文化活动。

2004年11月，首届北大主持人大赛的成功举办展现出了一个全新的高校主持人团队；2005年4月，北大电视台与凤凰卫视联合在百周年纪念讲堂举行了“非常凤凰在北大”——凤凰卫视9周年台庆晚会；2005年5月，又与中央电视台文艺频道在北京大学英杰交流中心阳光大厅上演了一台特殊的节目——央视著名主持人与北京大学“学生主持人”相约；2007年，《看电影》总策划人老柯先生、著名影评人周黎明先生来北大举办讲座，老柯同时宣布，北京大学电视台“《看电影》北京大学记者站”正式成立，并任命北大电视台记者团团长为记者站站长，这是大嘴传媒公司在中国高校正式设立的第一个记者站，也是中国高校与顶尖平面媒体的一次携手合作；2007年9月，北大电视台与北大团委合作，团委

正式授予电视台“影视人才培养基地”的牌匾，为全校对影视感兴趣的同学提供培训机会，标志着北大电视台将在更广的平台上向全校同学服务；2008 年，北大电视台与上海东方卫视携手，共同主办了北大第四届主持人大赛，并通过东方卫视向全国播出，走出了校园；2014 年，北大电视台与清华大学、北京师范大学、中国传媒大学、北京科技大学、北京外国语大学等高视会北京地区部分成员共同举办了“首都高校主持人大赛”，不仅得到了首都高校和媒体界的高度关注，湖南卫视、江苏卫视、天津卫视、凤凰卫视等全国一线媒体也纷纷主动派人前去观摩，反响热烈；2015 年北京大学电视台全力支持全球青年创新之夜，全力响应国家“双创”的号召。

在这些活动中，来自中央电视台、凤凰卫视的著名主持人、地方卫视台的制片人以及中国主持人协会、中国传媒大学等单位的业界专家纷纷来到北大担任评委和嘉宾。他们的到来不仅认可了北京大学学生的个人素质，更是对北大电视台成功引领主持人团队的认可。现在北京大学主持人大赛不仅成为北大校园文化中的一个品牌，大赛的成功举办更展现出北大电视台培养主持人的理念和目标以及对于新时代“主持人”定义的拓展：文化型、智慧型、互动型、全能型主持人将是未来主持人的发展方向。

三、问题与反思

1. 工作重心的逐渐转变

高校电视台的业务范围是多元化的，包括新闻宣传、服务工作、人才培养等。曾几何时，校园电视台是高校新闻宣传最主要的渠道，是校园中覆盖面最广，传播力最强的媒介平台，在新闻宣传和舆论引导等方面发挥了不可替代的作用。当时，电视台的媒体属性和新闻宣传功能是最受重视的。然而，随着科学技术日新月异的发展，传媒格局和舆论生态发生了深刻变化，新媒体迅速崛起，电视受众逐渐缩减，高校电视台新闻宣传的功能面临逐渐被弱化的窘境。

然而，作为高校中视频制作最专业的队伍，近年来，高校电视台的另一项业务内容——服务工作却在事实上得到不断加强。随着人们对影像语言和影响力的重视，很多高校电视台教师都有这样的体会：每年承担的视频制作量越来越大，校园重大活动的视频制作和直播、重要学术会议的录制等任务越来越多。由于这类任务往往要求高、时间紧，很多是学校党办、校办甚至是学校领导直接下达的任务，因此对于高校电视人来说，必须要全力投入，这成为了高校电视台教师日常工作的重头戏。就北大电视台来说，此类任务已经占据了全部工作量的60%以上。

另外，绝大部分校园媒体都拥有一支学生记者队伍，对于青年学子的媒介素养教育、综合素质提升、专业技能训练甚至是马克思主义新闻观的培养都具有重要作用，是高校电视台参与学校人才培养的重要途径。学生记者队伍的培养，也占据了高校电视人大量的时间。

与常规的新闻宣传任务相比，高校电视台服务工作的范围相对较广，很难界定边界。这就造成因服务工作增多，高校电视台原本就捉襟见肘的人力、物力更显得不足。

遗憾的是，上述高校电视台工作重心的转变并没有得到学校的充分重视，在人员、设备、资金等配置上都还没有相应的配套措施，因此高校电视台从单纯媒体向全能型服务平台的职能转变还处于艰难起步的阶段。

2. 核心使命和外延任务的理解错位

北大第十三次党代会提出，要处理好学校“核心使命”和“外延任务”的关系。借用这两个概念，高校电视台同样面临着如何把握这两者关系的问题。

目前，大部分高校电视台都隶属于学校党委宣传部。由于上述原因，高校电视台的工作重心或者功能定位，已从新闻宣传逐步转向了围绕学校各项重大活动和教学科研的服务工作，这类工作渐渐成了高校电视台的核心使命。而对于宣传部来说，并没有由于媒体生态环境的变迁而促成核心使命也随之变化，宣传部的核心任务仍然是紧密围绕舆论引导和新闻宣传进行相关工作。电视台那些服务工作固然也很重要，很多基于重大活动的视频对学校的形象建设也起到了积极的推动作用，客观上同样是在为新闻宣传工作助力的。但在某些领导眼中，这些或许被归类于宣传部的外延任务，而不是核心使命。这样一来，作为宣传部直属单位的高校电视台和主管部门之间有关核心使命和外延任务的理解及观念就造成了错位。因此而产生的后果是部分高校宣传部对校园电视台的理解不够、重视不足、定位出现偏差。

近年来，有不少高校电视台进行了各种各样的改革，有的专业院校把电视台独立出来，成了学校的二级教学单位；有的将其划归为新闻学院等院系；还有的和电教、现代教育技术重新合并。总之，大家都在为了理顺体制，更好地促进高校电视台的发展而努力探索。

随着社会大众对视频认知度的不断提高，高校有关视频内容的需求也越来越多。因此从校级层面整体考虑，或许有一个统筹的、整合学校视频业务的部门，会更有利于学校各项工作的开展。

服务大局求发展　继往开来探新路
——清华电视台案例研究

覃　川　戚天雷

清华电视台创建于1990年，是清华大学党委宣传部（新闻中心）所属的校级新闻宣传机构（副处级），主要通过校内有线电视系统（高清及标清频道）和网络电视平台（tv.tsinghua.edu.cn），并与部分专业视频网站及社会媒体合作，通过新闻报道、栏目专题、录像直播、原创影视等形式，面向广大师生员工、校友及社会各界宣传学校的重大事件、政策举措、建设成就，展示人物风采、弘扬大学精神，并制作播放各种科教、文化类节目等。

清华电视台现有全职人员16人，其中：主编1人、副主编2人；摄像3人、编导（兼管理人员）5人、素材和网站管理1人；博士1人、硕士3人。另有学生记者约60人。

清华电视台拥有专业化的场地和设备，如拥有演播室约50平方米和编辑室、办公室、机房、库房等约120平方米；拥有高清摄像机8台、大洋非编3套、其他非编5套，以及虚拟演播室系统、高清播出系统、媒资系统、台标机等。另有存储盘阵256T。

一、围绕学校中心工作，不断实现跨越式发展

清华大学校园电视的发展最早可追溯至20世纪80年代，初期依托

电教中心的技术人员和设备开展有关工作，主要是对学校重要活动、重要工作进行新闻拍摄或制作专题片，并报送中央电视台等播出，也曾摄制过反映大学校园生活的电视剧。

1989年，校内闭路电视网络系统开通。1990年3月，正式成立清华闭路电视台，由学校党委宣传部和电教中心双重领导。宣传部委派负责人兼责任编辑，电教中心拥有专门的场地和设备，配备专职技术人员和播音员。开播后，覆盖面占全校教职工总户数的90%，收视率达70%以上，成了学校传递政策信息、进行思想教育的重要渠道之一。

从20世纪90年代中期开始，清华电视台逐步完成电教中心和宣传部（新闻中心）相关人员从工作融合到编制融合的转变。1997年学校在学生宿舍区开通闭路电视网络，1998年开播学生频道（现已与教工频道合并）。2002年，清华电视台改由宣传部全权管理（有线电视网络仍由电教中心管理维护），并完成工作场地搬迁、硬件平台的全面升级换代和专业演播室的建设工作。

2004年起，清华电视台进行了较大规模的节目改版及内部调整，主要包括：将《清华见闻》从每周一期增加到每周两期，每年播出约70期，新闻及简讯千条以上；增设每周一期的《媒体清华》节目，介绍校外媒体对清华的报道，每年约400条；新增加图文信息的滚动播出，每年约1500条。其他主要栏目有《新闻快递》《清园春华》《TV清华》及《校园》《视点》《纵横谈》《原声》《大家讲坛》等，还有系列专题如《清华科技》《走进清华人》等。现每年制作专题节目逾百部（期），进行录像或直播约百场。

清华电视台在节目体系上形成了“三位一体”的“飞机”状的结构：晚上“黄金时段”播放的新闻综合节目是作为主体的“机头”和“机身”，下午的离退休人员节目与午餐、晚餐时段的学生节目分别是“两翼”。

多年来，清华电视台积极围绕学校中心工作和世界一流大学建设，充分发挥电视媒体的优势，开展了形式多样、丰富深入的宣传报道。内容涉及抗击“非典”、纪念辅导员制度、纪念蒋南翔校长、纪念抗日战争胜利、纪念建党和中华人民共和国成立、纪念改革开放、纪念抗震救灾、纪念北京奥运、回顾深入学习实践科学发展观等重大事件；国家领导人来校座谈或视察、国际政要及学术大师等知名人士来访、高规格国际会议、奥运圣火传递等重大活动；学校“985”建设、科技讨论会、教育讨论会以及历次党代会、教代会、开学及毕业典礼、校庆等重要活动；还包括宣传以张光斗先生为代表的一大批优秀人物、重要科技和学术成果与改革举措、发展成绩、成功经验等；先后制作了“学习十六号文件”“实践教育”“就业启航”“清华名师”“践行荣辱观”“老一辈教育家”“奥运有我”“改革开放中的清华大学”等系列专题。与此同时，清华电视台与中央电视台《科技之光》等栏目联合摄制节目，多条新闻和部分专题在中央电视台、北京电视台、中国教育电视台等媒体上播出。

清华电视台获得中央组织部、国家教育部、中国教育电视协会等授予的全国教育电视先进集体、“中国高校电视奖”、清华大学先进集体等数十项各类奖励。现为中国教育电视协会副会长单位。2011 年清华电视台联合发起成立高校电视专业委员会，并被推选为常务副主任单位。

二、以百年校庆为契机，探索校园电视的创新之道

清华电视台一直在努力探索校园电视的发展和创新之路，以办出一流水平和清华特色为目标，在贯彻“新闻立台”原则、落实“三贴近”的节目体系改革、业务平台升级及优化管理、新媒体运用、发挥“第二课堂”育人功能等方面积极地推动理论认识的深入和实践上的不断创新，使电视台工作屡上台阶，也总结凝练出一些行之有效的经验和模式。

2011 年 4 月 24 日是清华大学 100 周年校庆日。在百年校庆期间，清华电视台秉承“精心策划、周密组织、集中资源、开拓创新”的原则，在新闻报道、专题制作、素材提供、渠道管控等方面很好地完成了电视宣传任务，并在平台升级、流程优化、节目整合、新媒体应用等领域进行了大胆地探索和突破，取得了良好的效果并积累了宝贵的经验，不但在多项工

作中创造“第一”，还为今后的校园电视媒体发展奠定了坚实的基础。校庆期间的主要成果有：开创连续完成高密度新闻报道的数量、质量和时效性等多方面的“第一”；校园电视与新媒体全方位融合，实现传播“全覆盖”；全面使用高清设备进行拍摄和编辑制作；首次完成清华宣传片的系列化版本制作；开创策划组织及深度参与大型活动视频制作的“第一”；完成以媒体资产管理系统为核心的业务平台升级与业务流程优化；实施“清华史歌”项目，对数十位重要人物进行抢救性拍摄和专访。

在新闻宣传方面，做到主动把握宣传规律，多方面加强新闻报道；在新闻时效性上，实现新闻“30分钟”随编随播；在深度报道上，形成重大活动的“立体化”报道、重要工作“主题式”的系列报道、热点问题的“评论式”报道、常规新闻的“背景式”报道等特色鲜明的模式。其背后的支撑条件包括“全数字化网络型”的业务平台、“一专多能”的人员队伍、“一体化矩阵式”的流程管理。

在利用新媒体方面，积极拓展播出渠道和合作资源。清华电视台于2004年创建网站并实现视频点播，2009年开通24小时网络直播电视，并与多家视频网站和社交网站建立深度合作（现年点播量约200万次）。百年校庆期间，清华电视台视频服务器的并发访问峰值最高达6300人；新浪、腾讯、悠视网、视友网等合作网站一周内独立访客（UV）超过252万人（次）；在新浪、人人等网站上开设官方微博或公共主页。

三、积极推进全媒体转型战略

近年来，为主动适应和运用快速发展的现代电视技术及信息技术，满足广大师生收看高质量节目的需要，进一步提高校园电视的办台水平，丰富校园文化生活，清华电视台全面实施以“数字化、高清化、网络化”为核心的业务平台改造升级工程，同时大力推进工作流程优化、新媒体融合、节目振兴计划等一系列举措，并取得了良好成效。2014年，在完成题为《打造全媒体的综合视频传播平台——对校园电视“互联网+”转型的思考》报告的基础上，全面探索对于校园电视转型的认识、谋划和具体策略，并实施全媒体转型战略。

1. 在全国高校中率先实现校园电视节目的高清播出

2014 年 1 月 3 日，清华有线电视网中的清华电视台高清频道开始播出，意味着清华电视台在拍摄、编辑、播出等所有环节都实现了高清化。

2. 完成“媒体资源库”建设

将历年来留存的全部录像带（约 5500 小时）全部采集入库，彻底进入数字化时代，并构建起“三级异地备份存储”系统。

3. 网站持续升级，超越有线系统成为传播主渠道

2014 年 4 月，清华电视台新版网站正式上线运行，主要包括升级视频服务器和流媒体播放器，支持移动终端、网络直播、多媒体和超链接应用、多种媒介的分享与融合等。2016 年 4 月，电视台网站再次升级改版为“清华视频网”，实现与清华新闻网从技术底层、后台管理到用户界面、发布渠道等多个层面的融合，并推动全媒体采编队伍建设和流程优化。

4. 打造直播平台，服务教学科研，传播优秀文化

清华电视台积极探索、自觉创新，把发力点从传统电视阵地转向更加广阔、更具活力的新媒体平台，以打造“全媒体”直播平台为抓手，努力提升校园电视服务中心工作、促进学校发展的能力。一方面主动建立以“直播”重塑新闻生态的理念，另一方面从技术和机制上周密组织，与有关单位密切合作，每学期进行 100 多场学术、教学、文艺、体育、校园活动的直播，并取得了良好效果。

5. 探索建立适应新媒体传播的新型节目体系

除常规性的消息类似“清华新闻”“媒体清华”等栏目外，清华电视台已初步形成面向新媒体传播的新型节目体系：第一，由微访谈、微美

清华、微读书（水木开卷）等组成的“微”系列方阵；第二，由清华风物、清华映像、清华史歌、清华故事等组成的深度报道或系列专题性节目的“清华”品牌方阵；第三，发动师生校友等广泛参与、鼓励个体式表达的“我是拍客”方阵。其中《清华风物》已制作推出 20 余集，总传播量超 200 万人次，在“学堂在线”上成为选课人数最多的慕课之一，先后获得多项奖励。

此外，还完成了全景虚拟演播室的改造建设，开通并制度化地推进微信公号“清华视频”的建设和传播等。

四、办好“第二课堂”，积极发挥育人功能

校园电视也是育人的重要阵地。清华电视台拥有数十人的学生记者团，活跃在学校重大活动第一线和校园生活的各个领域，摄制了许多内容丰富、形式活泼、深受师生欢迎的电视节目和 DV、微电影等作品，在校内外具有广泛的影响。学生记者团管理规范、制度健全，有“传帮带”的良好传统和积极向上的团队文化。学校从 2000 年开始，每年招收播音主持专业艺术特长生，以特长生为主，组建播音主持组，不但承担大量电视播音和节目主持工作，还担任学校许多重大活动的现场主持，促进了校园文化的繁荣。

清华电视台申请并指导了多项大学生研究训练计划（SRT）项目，先后开设《媒介素养综合知识》《影视艺术概论》《微电影创作》等文化素质课程；申请并指导了多项大学生研究训练计划（SRT）项目，承担《高校校园传媒育人功能研究》《教育电视与大学生媒体素养提升》等多项部级、校级研究课题，发表学术论文 20 余篇。

目前，清华电视台正在积极推进全媒体转型战略，加强与新闻网及微信等新媒体的融合，改变内容生产模式、拓展播出载体渠道，并具体组织实施节目资源库建设、打造新媒体节目体系、“图景清华”全景多媒体系统制作、移动传播平台建设等重点项目。面向未来，围绕学校建设世界

一流大学的中心工作和新百年里宣传文化工作的主要目标，清华电视台将重新思考和进一步明确校园电视的战略定位及发展策略，实现广大师生对于校园电视“能够看、方便看、喜欢看、习惯看”的目的，在丰富节目内容、完善传播渠道的基础上，不断提高校园电视的工作水平、影响力和引导力。

探索实践教学之路的中国传媒大学电视台

乔保平　河原真由美

中国传媒大学作为教育部直属的国家“211 工程”重点建设大学，已正式进入国家“985 优势学科创新平台”项目重点建设高校行列，为中国传媒业的发展做出了突出的贡献，被誉为“中国广播电视及传媒人才摇篮”“信息传播领域知名学府”。该校以建设世界知名的高水平传媒大学为奋斗目标，致力于高层次、复合型、创新型传媒人才的培养。

中国传媒大学电视台（以下简称“中传电视台”）成立于 2008 年，并于 2013 年与该校原实验教学中心合并，通过资源整合组建成立了实践实验教学中心，成为了面向全校学生的实践教学单位，同时也是国家和北京市实验教学示范中心（广播电视与新媒体实践教学中心）以及北京市高等学校示范性校内创新实践基地，曾获得“全国教育电视工作先进集体”荣誉称号。

中传电视台遵循学校“校园大课堂，传媒大舞台”的办学理念和“按照专业标准和专业规范，把电视台建成实习实训平台和宣传教育窗口”的办台目标，把“为学生服务”作为办台根本宗旨，以“提高学生实践能力”作为工作准则，将“办实训与办电视”两大工作职责紧密结合起来，切实做到“让学生受益”，努力建设具有专业水准和专业规范、技术设施配套齐全、实践教学与电视制作协调发展、服务业界社会功能完备、在全国高校有显著影响力的实验教学电视台。

一、注重专业基础建设

经过八年多的不断积累、探索与发展，中传电视台已经拥有完善而先进的实践教学硬件设施，包括覆盖“采（前期采集）、编（后期编辑）、播（多平台播出）、传（信号传输）、存（媒资存储）、管（智能管理）”于一体的全流程专业实践硬件平台，涵盖电视媒体、纸质媒体和新媒体在内的全媒体实践教学平台和专业生产平台，固定资产总值达到1.3亿元。其中包括一些大型的技术装备，如10讯道高清转播车；2016年10月通过验收的1400平方米4K超高清演播馆，技术设施系统达到世界一流水平。

中传电视台目前拥有近50人的专业教师团队，专业分布涵盖传媒类的各个方向，学历层次包括博士、硕士和学士等，职称覆盖正高、副高、中级等。教师的学科背景与专业实践涉及诸多方向，包括新闻、影视、专题、纪录片、播音主持、广告、动画、视频技术、音频技术、灯光技术、系统工程、网络工程、动力保障和行政管理等。他们从事一线实践教学与技术服务保障工作，熟悉媒体策划与制作的整个环节，具有丰富的实践教学体验，指导学生务实有效。电视台通过核定每位教师每学期节目播出量和学生实践训练任务量，每学期末组织评委会评定，评定考核结果与绩效工资挂钩，从而促进教师积极开展实践教学与学生训练指导工作。

二、致力实践教学探索

2008年电视台创立之初，乔保平台长依据“办实训与办电视”二位一体的办台方针，对教师提出了“2+1”的基本工作要求，其中的“2”即指开设“1门实践课程”和“1个电视栏目”，“1”即指开展“1项科研工作”。中传电视台每学年开设近50门实践课程，分春、夏、秋三学期开设，目前已形成涵盖全媒体制播所涉及的技术与艺术、内容与生产的传媒类实践教学课程体系的初步框架，且电视台课程学分可直接计入在校期间必修的实践学分中。围绕实践课程，电视台专门制订了《中国传媒大学实践实验教学中心（中传电视台）实践课程管理办法》《夏季学期实践类共享课程设置规范》等课程管理办法；建成了课程网络选课系统；建成了课程网络管理系统；使用了实践课程登记手册和实践课程训练手册；成立了教学督导委员会；成立了课程考核委员会；成立了实践教材编写委员会，已陆续出版配套实践教材 5 本。谈及新媒体环境下教学的改变，乔台长表示："我们也尝试做一些新媒体，像网络电视台、微信、微博、手机客户端等，在教学或实践过程中给学生创造机会，逐渐顺应变化，但是规律性的或者本质性的东西还需要坚持和传承下去，包括新闻工作技能、新闻基本规律等要求和原则。"

1. 富有成效的实践教学

为更好地培养、提升学生的实践能力，电视台通过联系和运用各类资源，设计、组织了丰富多样的实践教学活动。自 2008 年中传电视台创建伊始，便开始精心策划实践课程的开设，积极探讨实践课的授课模式、教学内容、实践方式等具体问题。2009 年秋季，在该校教务处的大力支持下，在全校本科课程中专设了独立的实践课程系列，单独录入实践课学分。经过多年的探索，结合以往实践教学经验和未来媒体人才的培养需求，电视台已经初步确立了具有鲜明特色的电视制作与新媒体传播实践教学体系。电视台的实践教学活动汇集全校各学科、专业学生，集中各部门有相应专长的教师进行团队指导，在教学方式上尝试启发式、讨论式、参与式教学，尝试"翻转课堂""联合实践"等教学改革，引导和鼓励学生进行自主学习、自主管理。在传递专业知识的同时，教师尤为注重培养学生的职业基本素养，强调专业规范、团队协作与职业精神。例如：演播室禁止带入食物，用完的机器必须归位等。

电视台的实践教学活动一直在与各学部（学院）、各专业对接，与业界接轨、与行业互动中不断改革和创新，力争开展层次丰富的实践教学活动，让更多的学生在这里得到锻炼。除了春、夏、秋三季的常规教学活动外，电视台还为中、高年级学生开设了特色课程项目，从教学团队的组建、筹备到教学任务的完成，教师通过前期课堂授课、指导实践等方式开展别具特色的实践教学工作。以“转播班”为例，电视台每学期招收30个左右已有一年以上电视制作经验的学生加入转播班进行课堂授课、实践，课程内容包括技术及节目制作两大块，目前已开展到第七届。转播班内表现出色的成员将被留在“转播团队”，形成人才库，负责校内外各类大型典礼、晚会转播活动的策划与实行，包括校庆、毕业典礼、开学典礼、新年音乐会、大学生微电影大赛等，实现大型、综合的实践教学课堂。转播班张俊老师谈到，“转播班是一个有凝聚力，能干事的团队。通过转播活动的实践，同学们不但可以掌握电视制作的相关技术，还能增强团队协作能力。每次转播结束，看到同学们纷纷在朋友圈里分享感受与收获，作为老师感到非常欣慰。”

又如自建台以来就开展的年度“中传学生记者节”晚会，它最初只是学生记者的内部聚会，意在表彰优秀学生记者、欢迎新成员，以此提高学生记者的归属感。后来在师生的共同推动下，由台内晚会向校级晚会过渡，进入1400平方米4K超高清演播室，2017年举办的第八届记者节晚会已经成为由30多位教师指导、200多名学生完成的大型联合实践活动。据了解，转播班搭起了全媒体转播平台，使得记者节在腾讯、优酷、网易等9大平台直播，点击量达到230万次，成功实现全媒体直播报道的尝试。该场晚会的总导演、策划、制片人、节目导演、摄像、视频、音频、舞美、灯光等，以及转播环节的导播、切像、摄像、音频等岗位均是由学生来担任，全部按照项目化、专业化流程来进行。而教师团队在整个晚会的筹备和执行中始终担当引领、指导者的角色，所有执行岗位留给学生，给予学生尽可能多的实践空间和机会。值得一提的是，从2016年的记者节开始，晚会总导演由竞标产生，新一轮的导演团队于2017年春季学期被纳入教学实践课程指导团队管理。

在这样的教学模式下，学生不仅在策划、导演、摄像等岗位中能充分发挥艺术创作主动性，了解专业岗位的分工及基本技能，体会团队合作并培养创新能力，同时也能够在外联、募资方面得到锻炼，打下基础，培养未来的创业才能。这些都是电视台为全方位提升学生媒介素养，培养具有创新创业能力人才的重要尝试，充分发挥了实践教学资源共享的优势和特色，实现了实践教学思路和人才培养模式的创新。

2. 活跃有为的学生记者

中传学生记者由 2008 年的 200 人，发展到如今的 1000 余人。学生自主管理，以老带新，共创办栏目 20 个，涵盖了媒体制作的新闻类、新媒体类、综艺类、访谈类、播音主持类、纪录片类、技术类等多种类型。综合频道每周 7 天每天 12 个小时播出电视节目，每学期自办节目总时长超 150 小时。大量节目在各类评奖中屡获大奖，且各自逐步形成了独立的品牌，获得专业人士的认可与鼓励，比如《中传新闻》微信公众号、记者节晚会等。这些成果既锻炼了学生的专业能力，同时也丰富了校园文化生活。电视台力图调动学生能动性，全面整合各部门学生记者团资源，赋予学生更加广阔的实践平台。学生记者团覆盖全校 82 个本、专科专业，他们除了获得实践学分以外，中心（电视台）每年还评选优秀学生记者与学生实践奖学金等，以资鼓励与奖励。

表 1　中传电视台学生记者团历年人数统计表（单位 / 人）

部门	2008–2009 学年	2009–2010 学年	2010–2011 学年	2011–2012 学年	2012–2013 学年	2013 年秋季	2014 年春季	2014 年秋季	2015 年春季	2015 年秋季	2016 年春季
总编室	31	113	135	240	225	241	185	168	155	294	287
记者总团	—	—	—	—	—	—	—	28	110	161	134
新闻部	—	188	176	176	192	252	242	278	272	370	330
新媒体部	—	—	—	—	—	—	—	—	—	103	102
节目部	57	187	195	230	216	232	126	205	174	365	309
研发部	18	51	24	46	48	116	140	125	140	149	151
技术部	14	39	87	116	137	190	136	231	124	214	147
记者团人数合计	120	578	617	808	818	1031	829	1035	975	1656	1460

表 2　中传电视台历年自办节目时长统计

08 秋	16：56：11
09 春	28：11：36
09 秋	26：17：01
10 春	22：58：20
10 秋	16：45：23
11 春	35：07：43
11 秋	28：06：46
12 春	28：14：30
12 秋	15：42：06
13 春	29：43：08
13 秋	79：27：03
14 春	41：18：01
14 秋	46：39：12
15 春	43：02：20
总时长	458：29：20

随着全媒体业务的拓展，学生记者越来越多，2014 年经台领导研究决定成立中传电视台学生记者总团，以便于管理，完成由“学生办栏目”向“学生办台”思路的重大转变。总团设有行政部、宣传部、活动部、外联部、编辑部、转播部共 6 大职能部门。学生记者团团长由通过竞聘会的学生记者来担任，统一管理学生记者团，联合各部门共同完成全中心（台）层面的各类活动的组织和执行，比如招新、记者节晚会等一系列活动。

此外，学生记者团是将学生记者按照专业化媒体团队的管理方式来设立组织结构，如图 1 所示，全中心（台）的 6 个节目部门对应 6 个相应的学生记者团——总编室记者团、新闻部记者团、新媒体部记者团、节目部记者团、研发部记者团、技术部记者团。部门记者团中设置团长、副团长岗位，管理各个部门的学生记者分团。各个学生记者分团下设栏目团队，设置栏目制片人、主编、责编、编导、摄像、后期等岗位，以层级管理、梯队建设的管理方式来形成组织架构。比如栏目主编通常是由大三以上学生担任，负责培训全体栏目记者团队，审定、审核节目制作各环节；主编下级的责编通常由大二以上的同学担任，负责栏目中的一个板块编导的管理、节目审核；编导通常由大一以上同学担任，负责自己申报选题的完成。学生记者团由学生自主管理，独立运作实现团队运转，专职教师会全程对团队进行指导和把关，保证学生实践行为与成果不会偏离专业方向。团长、副团长由各部门主任教师来指导，栏目各级负责人由各部门专职指导教师来指导。

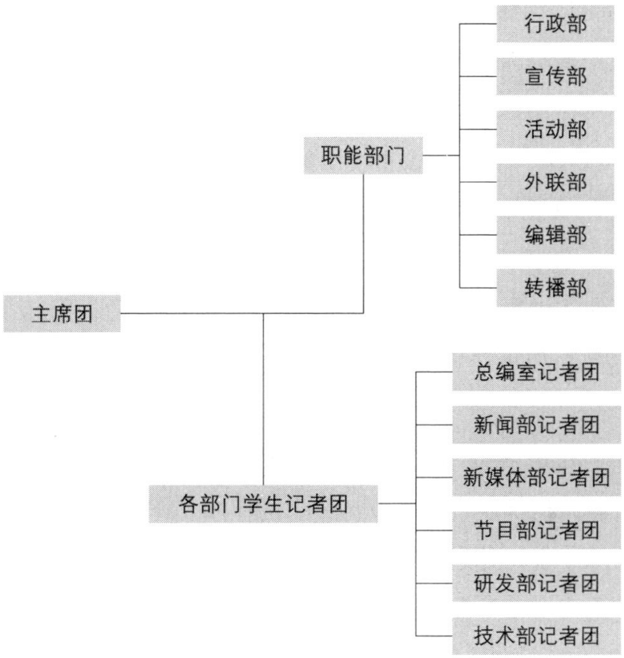

图 1　学生记者团组织结构

学生记者团的建设是电视台在学生培养上的重要举措，在促进学生记者专业技能水平进步的同时，提升团队合作能力，并有效提高学生的责任意识和组织管理等综合素质。为了精细化管理与长效发展，电视台建设完成了实践实验教学中心（http://medialab.cuc.edu.cn/）和中传电视台（http://tv.cuc.edu.cn/）两个网站，分别用于近年来所有实践教学硬件平台、实践课程、学生记者团队、规章制度与实践教学成果的全方位立体展示，并定期出版《编播通讯》台刊，包含栏目动态、学生记者手记、传媒现状、影评剧评等多方面内容，从创台至今已有32期。该台刊结合学生记者感性认识及理性分析，从页面设计、内容扩充、深度挖掘等多方位入手，赢得了师生的喜爱。

3. 社会实践与资源共享

近年来，中传电视台围绕实践育人创新创业，带领学生与地方政府及社会机构、企业与行业、国际交流与合作三方面积极合作，产生了较大的社会影响，让参与其中的学生得到锻炼。例如：与中国外文出版集团合作，完成中美联合投资制作的大型汉语教学系列节目《环球汉语》的拍摄；完成中国中医科学院中国医史文献研究所委托的大型系列专题片《百年国医传承录》，获2015年度国家出版基金资助，资助金额为195万元；主办中国女性影展项目，在第三届影展中征集到全世界98个国家1254部影片，在首都法国文化中心、北京美国中心、西班牙塞万提斯学院、意大利使馆电影处、中央民族大学、中国传媒大学等10个场地举办电影放映、映后主创座谈、女性电影学术论坛等活动。媒体共覆盖全国3000万人次。

此外，中传电视台不只是校内实践平台和教育窗口，还积极发挥着面向北京市属高校优质资源开放与共享的作用。作为北京高等学校高水平人才交叉培养“实培计划”传媒类实践教学平台的开放与共享项目的实施单位，中传电视台每学期面向首都高校学生免费开放共享课程教学和实验室资源。2014年，中传电视台还承接了北京市教委“手拉手”夏季实践教学项目，来自北京印刷学院的48名同学分别参与到3门电视实践课程的学习中，与中传学生一起开展了为期4周的实践教学活动。2016年春，电视台针对共享项目精心设计的《电视新闻制作工作坊》课程，吸引了来自北京师范大学、北京理工大学、北京邮电大学、北京外国语大学、北京交通大学、北京语言大学、北京化工大学等21所首都高校的学生参与，取得了良好的实践效果。2016年秋，电视台开设《出镜记者班》课程，以面试形式双向选择，最终有10所左右外校学生共同参与。

与此同时，电视台每年接待来自国内外同行专家、各级各界领导、大中小学生、社会知名人士等百余批次近千人的考察调研，交流参观。在全媒体传播的背景下，电视台还开发了《演播室制作技术》《摄像技术及其运用》等课程配套的微信公众号，作为课程的开放辅助教学资源；制作了《跟我巧学普通话》《什么是超高清》《ENG 摄像机基本操作》《带你走进高清演播室》《迎接 H.265》和《运动之点跟踪》等系列微课，正在逐步形成线上、线下全方位立体的实践育人教学资源的开放与共享。

资料来源：

1.《中国传媒大学实践育人创新基地支撑材料》

2.《中传电视台 2016 新生攻略》

受访者：

中国传媒大学电视台台长乔保平老师

中国传媒大学电视台研发部主任牛慧清老师

中国传媒大学电视台总编室主任姜娟老师

中国传媒大学电视台新闻部采编指导教师黄俊香老师

中国传媒大学电视台技术部副主任张俊老师

中国传媒大学实践实验教学中心教学部主任姚眉老师

新时期高校广播电视台功能实践与探索
——北京科技大学电视台发展概况

何　进　沈　崴　郝慧鹏

近年来，北京科技大学广播电视台在学校党委的正确领导下，认真贯彻落实党的各项方针政策，用镜头语言记录学校的发展变化，着力提升新闻宣传和舆论引导能力，不断提高校园文化品质和大学文化内涵，为学校改革发展的稳定提供基础保障和舆论支持。

一、北京科技大学广播电视台概况

北京科技大学（以下简称北科大）广播电视台隶属于学校党委宣传部，其历史可追溯至1952年建校初期成立的北京钢铁工业学院广播站。在当时信息及设备技术匮乏的特殊年代，起着日常广播、重大事件宣传等作用。1992年，广播站依托学校电教中心，开始制作校园视频新闻，其中宣传部负责组稿，电教中心负责视频拍摄制作。2005年，学校为加强新闻宣传工作，成立了广播电视台。将新闻拍摄工作划归广播电视台，由于当时没有建设演播室，新闻出镜还需到电教中心录制。2007年，北科大广播电视台演播室建设完成，投入使用，至此，视频拍摄、制作、新闻录制、闭路电视放像等所有工作均由或均在广播电视台完成。

广播电视台现有人员5名，其中台长全面负责广播电视台的日常运行管理；摄像编辑负责视频编辑，日常新闻活动拍摄，设备的维护、保养和维修等内容；广播编辑负责日常广播节目的编审。北科大广播电视台现有学生媒体团队 4 支，约 200 人。广播台团队，负责日常广播的策划、编辑、播音、播出、存档；学生电视台团队，辅助广播电视台教师开展工作，完成简单的剪辑、拍摄任务，参与重大活动直播工作，每两周提供 2 档节目，以及其他一些工作；校园大屏管理团队，负责大屏节目排单，播放工作，办公室部分值班任务；媒资管理团队，负责素材采集、上传、编目工作。

北科大广播电视台现有专用演播室 1 间，录音室 1 间，播放室 1 间，闭路电视播放系统、校园广播播音系统、校园大屏放像系统、媒资存储编目系统各 1 套，高清摄像机 3 台，高清、标清便携式切换台各 1 台，非线性编辑系统 4 套（软编、硬编），网站 1 个（学校新闻网二级页面）。承担着学校每周新闻播报、日常重点工作拍摄、重大活动直播、校园大屏放像、闭路电视播放及校园广播节目制作与播音等工作。其中：学校新闻每周两期，周一、周四首播；大型活动直播可以在现场、闭路电视、校园网、外网、校园大屏同步直播；大屏放像时间为周一至周五中午、晚上各 1 个小时及其他需要播放的时段；闭路电视播出时间为周一至周五，每天 11：30—19：30；校园广播播出时间为周一至周五早、中、晚 3 个时间段，共 100 分钟。

二、北京科技大学广播电视台的功能探索

1. 发挥基本职能，完成日常宣传工作

毋庸置疑，校园广播电视台的基本职能是拍摄、记录学校重大活动、重要工作，这也是高校成立电视台的初衷之一。作为校园里专业的视频拍摄部门，北科大广播电视台拥有专业的拍摄设备、专门的摄像人员、专用的存储空间、专享的编目系统。日积月累的拍摄记录，广播电视台客观地见证了学校的发展，以学校历史见证者的身份陪伴学校的成长与发展。北科大广播电视台注重新闻立台的宗旨，年平均全方位拍摄学校各项重大、

重要活动和新闻事件260余场，理论学习报告、各类科研学术讲座等全程30余场。校园广播注重与师生互动，开辟丰富栏目，营造青春动感的校园氛围，年播出时长约16000分钟、节目600余期。校园大屏幕作为校园文化建设的重要阵地，每年播出300余条节目，时长约360小时，既丰富了校园文化建设，也为各学院和部门提供信息服务。定期为离退休老干部及师生通过闭路电视、校园网络播放理论学习等相关学习节目，既丰富了大家日常生活，又拓展学习通道，年平均播放学习节目约50期。北科大广播电视台加强学校媒资建设，组建学生媒资管理团队，及时有效地抢救并保存了学校珍贵的历史视频资料素材，目前已抢救约2400小时的视频资料，为完善学校文化积淀和内蕴提供了切实的史料支撑。

2. 立足学校重大需求，充分发挥广电宣传优势

隶属关系决定工作任务，目前国内高校广播电视台主管单位主要是党委宣传部（新闻中心）[1]，这也决定了广播电视台不是独立存在的，而是要立足学校需求，在宣传部的领导下，充分发挥视频节目直观、节奏快、信息量大等优势，更好地宣传学校。近几年，北科大广播电视台策划制作了学校年度宣传片、党代会宣传片、工会双代会宣传片、国防生培养十周年巡礼、实验室安全年回顾与总结等多部宣传片，全面反映了学校发展成果，进一步提升了学校形象。北科大广播电视台每年平均直播开学典礼、毕业典礼、新年晚会、党代会、理论学习等大型活动10余次，利用现代化视频转播技术及时向广大师生和校友等转播学校活动、会议，第一时间与师生分享活动现场，传达会议内容。

3. 注重专业学习，提升节目质量，增加电视台影响力

技术在发展，理念在创新，不断地交流与学习才能紧跟时代的步伐。北科大广播电视台要求每人每年至少外出交流学习或参加短期培训班1次，要将最新的创作理念运用到日常工作中。现阶段，北科大广播电视台采用目前视频媒体最新创作手段，融入现场报道、同期声制作等手法，每年精细化制作《北科大新闻》《银杏树下》《年度十大新闻人物》系列，

《北科身边人》《如果我来说》《光影放映室》《节节有看点》系列及《贝壳拾珍》《贝壳们出发》《贝壳焦点》等各类专题百余期。其中《北科大新闻》《银杏树下》等节目及《如果我来说》《贝壳们出发》等栏目均获得过“中国高校电视奖”一等奖。近年来，北科大广播台电视台选送参与“中国高校电视奖”作品无论在数量上还是质量上都逐年提升，近 3 年连续报送作品 25 部，其中获一等奖 7 项，二等奖 14 项。

4. 推进大学文化建设工作，创建系列品牌文化活动

每一所学校都有自己独有的校园文化，这是学校历经岁月洗礼所沉淀下来的宝贵财富。电视因其传播广、直观性、连续性，可引导舆论、教育大众等特性被引入高校，成为传播学校信息、丰富校园文化的重要手段。新时期的学生精力充沛、思维活跃、接受新事物能力强，积极参加各种组织活动，可针对他们这一特点，组织相应活动，丰富学生课余生活，引领学生思想动态，活跃校园气氛。例如北科大广播电视台每年组织《年度十大新闻人物评选》《青年影像节》《广播台配音大赛》《模拟新闻发言人大赛》《微视频比赛》《啡常时光》等活动，既弘扬了校园文化，营造了良好的校园氛围，又丰富了师生课余生活，满足学生参与多种文化活动的需求，为提高学生综合素质，拓展交际空间和健康成长提供了良好的条件[2]。

5. 紧跟时代步伐，充分利用及发挥新媒体传播特性

传统媒体具有信息采集优势，互联网具有传播优势，而新媒体因增加了移动端，更加具有传播优势。传统的闭路电视播出途径，观看的一般只有家属区的老同志，受众较小。而学校宣传片、教师节短片等视频，通过微信推广后，点击量轻松过万次，极大地宣传了学校，效果较传统宣传模式有了质的飞跃。现阶段，北科大广播电视台注重新闻的时效性，第一时间为学校官方微信、微博平台提供视频源、音频源，充分发挥新媒体传播优势，再通过校园“双微联盟”——微信联盟（各学院及二级单位微信平台）、微博联盟广而告之，积极传播校园好声音、讲述校园好故事，多方位开展校园文化建设，更广泛地宣传了学校。

6. 凝聚学生团队，培养多方位人才

大学是培养人才的地方，不仅是培养学术上的人才，更是培养具有综合素质的复合型人才的地方。校园电视台作为学校宣传工作的“喉舌”之一，不仅在思想意识形态上和行为准则上对大学生有引领指导作用，在实践育人方面也有重要作用。电视作为一门艺术行业，无论是画面构图、光影，还是声响、灯光，都需要长时间的学习积累才能胜任，北科大广播电视台正好给广大学生提供了一个锻炼实践的平台——参与广播电视台日常节目制作，系统地了解栏目的制作流程，按个人兴趣及特长承担策划、组织、撰稿、配音、播音、采访、剪辑、包装、播放、媒资管理等工作。

北科大前期通过对学生针对性地指导和培训以及“学中干”“干中学”的锻炼，培养学生摄、录、编等技能，使其能够独立承担简单栏目的策划制作任务。然后通过建立完善的挑选、培养、使用、考核体系，由几个人组成一个栏目组，负责该栏目从策划到最终成品的所有内容，这样可以极大地调动学生的自主积极性和参与性，不仅有利于提高学生的专业技能，也有助于丰富他们的阅历经验，培养他们的团队精神，更有助于促进大学生的社会化程度[3]，在就业时更加具有竞争力。

另外，北科大广播电视台与学校艺术类专业结合，建立联合实习实践基地，共同培养学生。北科大广播电视台拥有专业的拍摄、编辑、录制、灯光等设备，而学生具有一定的理论基础、专业知识，可以利用这些设备拍摄节目并为北科大广播电视台提供节目源；教师结合一线工作经验，对学生进行指导；最后北科大广播电视台通过这些节目，丰富栏目的多样性、专业性，实现互补，促进双方共同发展。

三、结语

校园广播电视台，不仅应发挥学校重要活动拍摄、历史影像素材保存、校园视频新闻报道、师生校园文化作品及师生理论学习渠道、人才培养等作用，还应紧跟时代步伐，运用新技术新手段，找准定位，不断提升

工作的专业化、精细化和科学化水平，才能更好地为学校进一步深化改革和发展提供强有力的保障和支持。北科大广播电视台自成立以来，一直立足于学校重点工作，在宣传部的领导下，取得了优异的成绩。作为中国教育电视协会高校电视专业委员会常务副主任单位，北科大广播电视台不仅出色地完成了学校的宣传工作，还积极参与协会举办的各种活动，以实际行动支持、促进协会更好更快地发展，也实现了电视台自身的提高和进步。2016 年被评为“全国教育电视工作先进集体”，成为全国教育（民生）新闻资源共享联盟会员单位。

参考文献：

［1］陈波，李静，靳戈．高校电视台发展现状调查报告（上）［J］．教育传媒研究．2016（1）：67–70.

［2］丛家民．校园文化视域下高校校园电视台的建设研究［D］．东北师范大学，2012.

［3］谷创业，周芬芳．信息环境下校园电视台对高校人才培养的应用研究［J］．河南工业大学学报（社会科学版）．2013（3）：155–157.

主要人物简介：

1. 何进，北京科技大学党委宣传部部长。
2. 沈崴，北京科技大学党委宣传部副部长。
3. 郝慧鹏，北京科技大学广播电视台台长。

融合与转型
——浙传实验电视台的发展与思考

徐洲赤　孙　瑾

浙江传媒学院实验电视台（以下简称浙传实验电视台）成立于2003年9月30日，是浙江省广播电视局审批成立的高校有线电视台。在此基础上，2006年5月18日，杭州下沙高教园区广播电视台成立，通过资源共享推动杭州下沙高教园区校园文化建设和信息传播。在历经2010年、2013年两次学校部门调整和实训中心合署办公后，浙传实验电视台于2016年再次进行大的机构变动，与校报、校网、校通讯社等校园媒体合并形成浙江传媒学院全媒体中心，由校党委宣传部统一管理。

一、节目状况

浙传实验电视台拥有一个自办频道，目前已开设6个自办节目，分别是与杭州经济技术开发区合作的《下沙资讯》、新闻类节目《大学城新闻》、时尚娱乐类节目《E-channel》、访谈类节目《校园访谈》、以扶持学生DV创作为主旨的《青春影像》、纯文化讲座类的节目《大学讲坛》。自办节目均由跨专业学生团队在电视台制片教师的指导下完成，自办节目1年播出150期。节目内容贴近学生，服务高校，体现了校园特色和区域特色，是“第二课堂”教学和专业综合实训的重要成果。在中国高校电视奖评比中，浙传实验电视台选送的自办节目连续获得各项大奖。同时浙传实验电视台还积极向中国教育台、浙江卫视选送独家摄制的专题片、新闻报道。此外，浙传实验电视台还引进了大量高质量的纪录片、电影和电视剧，以丰富节目的内容。

广电学生记者团成立于2004年，是自办电视栏目和广播节目的主要创作实践团队，团队规模为800人左右，辐射学校的各个专业，重在提高学生专业实践的能力，培养高素质专业人才，活跃校园文化。由广电学生记者团牵头组织的“浙传第一声”朗诵大赛、“舞动青春”杭州大学生电视舞蹈大赛、“浙传力量”浙江传媒学院优秀学生成果评选活动、浙江传媒学院广电学生记者节活动是实验电视台的四大品牌活动，也是最受学生欢迎的王牌活动。

二、技术条件和设备保障

如上所述，为保障自办电台及电视台的日常运作和节目正常有序的播出，浙传实验电视台配套的实验设备先进，功能齐全，行业特色鲜明。目前，学校提供给校实验电视台使用的实验场地及设备，包括多媒体综合实验室、数字影视合成实验室、虚拟演播室、高清电视节目制作实验室、综合实训演播室、学生创新中心、音频实验室以及高清电视转播车等13个实验室，共5000多平方米。值得一提的是，其中的多媒体综合实验室隶属于国家实验教学示范中心——电视编辑与导播实验教学中心，是播音主持、电视节目制作、电视编导、喜剧影视导演、电影制作、广播电视工程、数字媒体技术（艺术）、摄像等相关专业的综合实验、实训场所；多媒体综合实验室采用先进的广播电视技术、多媒体技术，实现了实景演播与虚景演播的结合与穿越、隔空连线等节目形态；虚拟演播与体感互动的跨平台融合、4K高清大屏显示、多屏联动、触摸控制、实时视觉传达、体感互动与体验、3D影院等系统有力地保证了节目的多视角播出。学校这些先进的实验实训设备，通过完善的管理制度，在服务教学的同时，向实验电视台的学生开放，是保障自办节目制作和播出的最牢靠的技术保障。

特别需要指出的是，为了应对“媒体融合云”和“智慧媒体”发展，满足传统媒体和新兴媒体融合发展对“媒体融合”卓越人才培养要求，浙江传媒学院的国家电视编辑与导播实验教学示范中心按照媒体融合的要求与发展，经过顶层设计和教学创新，开发建设了媒体融合实践教学平台，实现了媒体实践课程上云平台，这个平台的建设在国内高校尚属首次，它可以说是开创了高校传媒类实验教学系统建设的新纪元。

为了顺应媒体发展潮流，配合媒体实验课程云平台的发展，学校除了对课程进行调整外，还创造性地将校园媒体进行整合融合，成立了浙传“全媒体中心”。媒体融合实践教学平台，此后也将成为全媒体中心的操作实践平台，实现云化、虚拟化、智慧化。在此基础上，该系统还搭载了媒体大数据业务，将浙传实验电视台的发展提升到了一个前所未有的高度。

三、经验和做法

1. 平台建设：以实战为导向打造全真外向型实践平台

作为传媒类院校，浙传实验电视台无论是运作方式、平台架构还是人员组成以及设备设施等，都比普通院校的电视台更具专业性和规模性，基本上囊括了目前传媒领域比较尖端的科技。为了让学生既能够在实验课堂上简单体会这些高级设备的功能，又能够在校内接受全真实训教育和培养，浙江传媒学院很早就开始注重外向型实战平台的建设。

所谓外向型实战平台，是指以校内基地和基础条件为依托，面向社会，以实战性为训练导向、以专业化为运作要求、以实效性为检验标准的面向社会的实践基地和机构。他们依托学校资源和学校环境存在，但并不只对学校负责，而是更多地对社会和自身的生存负责。

浙江传媒学院的实战平台建设，目前已经形成三种类型的形态：外向型实践媒体平台、引进入驻型媒体平台、学生创业型企业平台。这三大平台围绕校园环境，形成一个互补互动、各具特色的实践基地群落，为学生专业实践提供了大量的实战训练机会和专业体验岗位。其中实验电视台作为外向型实践媒体平台的具体载体，承担了重要的学生全真实践实训的作用。

作为传媒艺术类院校，浙江传媒学院首先把扶植校属媒体作为学生实践基地建设的首要环节。目前该校拥有多个校级媒体，分别是浙江传媒学院实验广播电视台、浙江传媒学院报、传媒先锋网、传媒青年杂志、通讯社以及微博、微信公众号。其中，浙江传媒学院实验电视台（高教园区广播电视台）在运作上与另外几家有较大不同。

如前所述，浙江传媒学院实验电视台成立于2003年，起初该台的基本定位是一家内源性的校级媒体，以播出校园新闻和学生实践作品为主。从2004年开始，该台进行了发展方向上的重要调整，确定了外向型的媒体定位，努力面向校外，扩大覆盖范围，使媒体的传播效果在更大范围内得到检验。作为这一努力的标志是，2006年，经浙江省广播电视局批准，在实验电视台基础上成立了杭州沙高教园区广播电视台（站），承担起了面向整个下沙高教园区的电视信号覆盖和内容的传播任务。

为了保证校电视台每天播出13个小时，以及各个自办栏目的顺畅运行，在电视台的组织机构和人员架构方面，园区台按照正规媒体的内部框架和运作流程来设置。台领导为台长、总编辑，下设办公室、总编室、新闻部、节目部、技术部、学生记者团、未来之星广播电台等。为了能够最大限度地激发学生的主动性和创造性，各栏目实行制片人负责制，即每个栏目选派一名专业教师，从总体上把握栏目的走向、质量和内容，而其他的工作环节，如编、导、播、拍、制等工作全部由在校学生参与其中。

考虑到园区台的覆盖范围仍然有较大的局限，校电视台进一步拓展节目播出平台，其途径是积极谋求与省市电视媒体的合作。如与杭州电视台、杭州经济技术开发区管委会联合创办了《活力新城·下沙》栏目，在杭州电视台综合频道的黄金时间播出，同时，在杭州公交移动电视循环滚动播出。经过几年实践，该节目得到了杭州电视台、杭州经济技术开发区管委会的一致认可。后该节目全新升级改版为《下沙资讯》，每周二、四、六在杭州电视台3套播出，每期10分钟，全年无休。

2. 队伍建设：以节目制作为核心打造高素质的学生记者团队

在构建校内外向型实践平台的基础上，打造一支高素质的学生记者团队，不仅可以保证实验电视台的日常播出和运作，同时，这也是实践教学改革的一种新尝试——在课堂教学的基础上，打造校内专业队伍。可以说“平台”和“队伍”是实验电视台相辅相成、相互促进、相互依托的两个方面。

目前，浙江传媒学院广电学生记者团的规模稳定在800人左右，几乎涵盖了学校大部分专业的学生。即使在学生团队存在“铁打的营盘流水的兵”这样流动性相对较大的问题，由于实验电视台全真的实训平台的吸引以及记者团运作时保持“常态化招新”，也使得浙传广电学生记者团这个组织的规模保持了相对均衡、平稳，甚至逐年进步的发展态势。

在团队建设的过程中，节目制作是基本依托和第一要务。在制片人制的带动下，电视台每个自办栏目的制片老师成了团队核心，学生围绕着节目的要求，在制片老师的指导下，传承帮带。以节目制作为带动，以节目质量为考验，制定了一系列的团队运作制度，如新老生的培训制度、节目审片制度以及广电学生记者团的考核制度，也积累了相关的经验。

在所有的制度和经验中，尊重媒体单位的独立地位和保证其社会性身份，遵循媒体的运作规律和机制尤为重要。从媒体单位的特性出发，为了保证节目质量必须在每一个环节上都认真对待，因而不可能为了照顾学生的实践实习而迁就学生的水平。如为了保证《下沙资讯》栏目在杭州电视台的优质播出，一般水平的学生就无法独立承担采编和播出任务。这看起来似乎会造成实践课程无法顺利实施，但恰恰是市场竞争的残酷性和严格的专业性要求，让学生从中学到了实验室中无法学到的东西。也许有的学生会在外向型实践媒体中坐一个学期的冷板凳（始终没有上手的机会），但是，坐冷板凳的过程其实也是一个学习的过程，这个过程对其心智、毅力、耐心和专业悟性等方面都是极大的考验，它有可能成为学生专业发展的更大动力。同时，正是只有这样一种机制，才能够让真正优秀的人才脱颖而出，更快成长。下沙高教园区电视台每年都要招收七八百名学生记者，事实上整个电视台的运作不需要这么多的人手，这就形成了一个竞争淘汰机制。因此，有一多半的学生在坐冷板凳，他们要么被淘汰，要么坚持过来成为熟手。坚持下来的学生，不仅能获得 3～4 个学分，更重要的是掌握了行业基本技能，对职业性质的领悟页也了更深的体会。

这些收获，记者团成员在职场竞争中体现得更为充分。笔者通过访问浙传广电学生记者团团员，得到了一个很重要的信息：大部分团员都认为通过在浙江传媒学院实验电视台实习，专业能力得到了提高。首先，动手能力得到真正提高。大部分学生反应，普通的实验室浅尝辄止的实验学习对于他们来说，不能完全满足对于实践操作的期待和要求，造成了他们的求知和获取途径的矛盾。而实验电视台这样一个全真型实践平台为他们解决了这个矛盾，真正提高了实践动手能力。其次，有了更全面的技术能力锻炼。一个全真型的实验基地，让他们突破了自己专业的限制，让他们能得到更多的综合性锻炼，真正达到一专多能。最后，得到了更专业的心理素质锻炼。全真型电视台管理制度能够使他们及早感受传媒人的工作状态，这对他们今后的求知也是一种促进。

四、关于校园媒体的一些思考

（1）坚持走出去引进来，加大与社会媒体的交流与合作力度，努力建立全真的外向型实践平台，让学生在校内就能感受正规媒体的运作机制和考核标准。

这样的一个产学研结合的体系，凸显了高校“服务社会”的功能。传媒学院利用自己在专业上的优势，向社会媒体提供传媒产品。而社会媒体的引进又能促进校内实战型实践平台的建设，一举两得，实现了良性循环。

（2）在全真外向型平台的基础上，管理运作坚持市场机制与学校的特色结合，让专业实践与工作业绩挂钩，更好地衡量专业水准的价值。

外向型实践平台追求自身的经济效益和市场效应，有自身的考核机制和专业衡量标准。因而，对学生的实践能力和水准的评价不是通过实验室标准来体现，而是通过用经济激励的方式来实现。在引进入驻型媒体和自主创业型企业实践的学生自不待言，他们成为熟手后就能获得一定数量的报酬，以体现其专业工作价值。如一些从事剧本或文案创作的学生，将他们的作品交给影视公司和广告公司，作品一旦录用，他们就能获得经济回报。根据这种市场检验机制，在实验电视台工作的学生，他们的作品也能获得回报。电视台根据每期节目质量的高低进行考核评级，获得高等级的作品就能够得到奖励，这成为学生们的努力目标，他们往往为获得一期评级为 A 的节目而积极努力，从而促使其专业水平的不断提升。

（3）顺应媒体发展的潮流，整合校内资源，打造学校全媒体中心。

目前，移动互联网已经成为人们获取新闻、学习知识、信息交流、生活娱乐、商业活动不可缺少的工具，影响和改变了信息传播的模式。在高校，大学生更易于接受新鲜事物，当前移动终端已成为他们掌握信息的最重要的工具。

在大学教育中，校园媒体的影响作用不容忽视，也是学校宣传工作的第一阵地。因此，如何通过使用符合学生群体接受信息的习惯的载体进行宣传工作，提高工作效率，一直是各大高校宣传部门的重要课题。

在这样的前提下，浙江传媒学院经过不断思考，全面调研，为了应对“媒体融合云”和“智慧媒体”的挑战，于 2017 年决定将校网、校报以及校实验电视台等多家校园媒体进行资源整合，合并形成浙江传媒学院全媒体中心。全面利用学校传统的优势资源，集中全力迎接移动互联云媒体时代对学校宣传工作提出的新挑战。

2016 年开学伊始，全媒体中心为浙传的全体师生提供了一个全新的体验——与网易视频合作，通过手机 APP 直播学校新生报到的盛况，向全国的网友展示浙传风采。之后，一篇为《第一次见面，浙传，你好！》的文章由浙传党委宣传部微信公众号推出，短短时间内，就有超过 5 万条的阅读量以及数万条的转载率。这不是一篇普通的文章，而是一篇囊括了文字、图片以及视频的全方位报道。这篇推送文章，文字清新，图片精美，视频更是应用延时摄影、航拍等先进技术所得，不仅收获了新老生的诸多留言，许多学生家长也纷纷留言，为孩子能在这样的学校读书而感到满意和自豪。可以说，开学报到的这一组组合拳，为全媒体中心打响了完美的第一枪。

当前，整合优势资源，顺应媒体瞬息变更的节奏，将是每一个校园电视台必须要面临的挑战。浙江传媒学院全媒体中心就是顺应目前科技发展潮流的一个全新尝试，这也为其他高校的校园媒体提供了一种借鉴。只有不断开拓思路，融入社会，服务社会，掌握先进的传媒技术，校园媒体才有无数条发展道路。

坚持“三位一体” 发挥电视媒体作用
——以北京师范大学电视台为例

李美仙　朱珊珊

高校电视台是高校媒体的重要组成部分，是高校进行教育和宣传工作最为便利的一种媒介形式和活动载体，是高校宣传先进文化、进行思想政治工作、建设校园文化、宣传学校形象的重要载体和平台。近年来，党委宣传部新闻中心电视台坚持新闻宣传、教学服务和学生培养“三位一体”，立足学校，坚持创新，不断拓展平台，弘扬校园文化。

一、立足学校，做好新闻宣传工作

学校电视台承担着学校新闻采编和对内对外宣传工作。长期以来，电视台紧跟学校热点，贴近师生生活，推出了一系列电视节目。其中，《师大新闻》是北师大电视台新闻栏目中的品牌节目。《师大新闻》每周一期，紧贴学校重大时事，已经成为了校内外了解师大的重要窗口之一。2014年9月9日，习近平总书记来北师大考察，代表党中央向全国广大教师致以节日问候，并发表了重要讲话。《师大新闻》在第二天就立即推出了特别节目，将总书记来访时的实录与对教师、学生的采访结合起来，全面地展示了总书记来访的殷切期盼和师大人对“四有好老师”的深刻感悟。

为了更好地宣扬“四有好老师”精神，新闻中心电视台充分发挥主观能动性，邀请了学校各院系的知名教师，录制了系列专题片——《做党和人民满意的好老师》。从“四有好老师”的角度出发，深入探讨了什么才是好老师、如何做一名好老师、如何用“四有好老师”标准来武装自己等方面的问题。通过及时准确的新闻报道，紧贴主题的访谈节目，让“四有好老师”精神在全校师生范围内全面普及，真正做到入心入脑，也为之后的一系列“好老师”宣传活动打下了坚实基础。

《北师大一分钟新闻》是为了适应新媒体移动终端的播出，新设立的一档节目。每周一选取上一周学校的重要活动进行编辑制作，当天在学校官方微信上推出。节目受众面覆盖了师生、校友、社会人士，播出后反应良好。

二、坚持创新，探索 MOOC、微课服务教学科研

高校电视台是弘扬校园文化的重要阵地，有着传播范围地域性强，受众稳定，传播内容针对性强等特点。宣传部新闻中心电视台在探索教学型高校电视台建设的道路上，以服务教学为目标，充分发挥电视媒体的优势，优化教育教学手段，致力于建设在广大师生心目中具有影响力、引导力的教学电视媒体。

2014 年，北师大开始探索大型开放式网络课程，即 MOOC（massive open online courses）的制作，在教务处的积极推动下，与化学学院王磊教学团队合作开始了《中学化学教学与实践》MOOC 课程录制。北京师范大学拥有国内顶级的师资力量和先进的管理理念，有实力搭建自己的 MOOC 平台。

对于 MOOC 的核心——视频部分，北师大形成了自己的特色，即充分运用电视表现手法、电视语言重塑教学过程，通过课程内容设计、课程形式设计以及课程包装设计等，充分展示出 MOOC 视频的特点：课程知识点化、讲授影视化，达到课程内容专业化（教师主讲）、呈现形式专业化（专业影视制作团队和规范的制片流程）。

1. 理念——课程栏目化

以电视栏目的形式来呈现MOOC的视频效果。教师（主演）+授课内容（剧本）+形式设计（展现手段），将电视栏目形式设计与课程内容相结合。

2. 内容——知识点化

课程内容与电视栏目形式设计相结合，把复杂的知识内容条理化、案例化，运用电视语言的呈现方式，把之前听课的形式转化为“看课”，达到视听相结合。

3. 讲授——影视化

通过对老师的形象包装、身体语言设计等，用影视化的精美画面吸引学生，增强其对课程的兴趣。

对于MOOC视频本身，我们采取电视栏目包装技术，结合广播电视行业最先进的栏目包装理念，采用以下技术进行设计。

1. 在线包装技术

对于视频成片，从片头到课程内容包装，再到片尾，运用一整套在线包装的呈现效果：课程栏目片头、logo演绎、导视、人名条、标题条、双视窗应用、电话连线等一直贯穿到片尾，使其成为一套完整的电视栏目，保障其专业化与效果化。

2. 虚拟植入技术

在课程录制过程中，通过虚拟植入部分，实时展现所需的课程内容，配合老师的讲述，将课程内容以最直观、最具视觉冲击力的特效方式呈现给学习者；并且可以以灵活多变的方式呈现，配合以各种绚丽的动画效果，可以提升栏目的视觉冲击力，呼应课程主题。

3. 数据可视化技术

依托于多屏显示，将课程主线与案例、素材分屏显示，使思路更顺畅、条理更清楚，使课程更具科技感和可看度。将枯燥的数据通过三维化的场景进行展示，更直观、更易说明问题。配合主讲教师的口述，可以进行实时视频对话连线，使课程更具真实性、互动性、完整性，更具说服力。

课程录制、包装完成后，在我校京师在线（mooc.bnu.edu.cn）上线推出后广受学生好评。学生反映：这是他们上过的最吸引人的视频课程。该课程视频也获得了 2014 年“视友杯”全国高校电视奖课程类一等奖，其中《教学过程设计的核心要素》部分获教育部教育管理信息中心“第十四届全国多媒体课件大赛”微课组二等奖。在微课程领域，我们也在探索着进行，主动和体育与运动学院姜桂萍老师合作，录制微课《科学微运动》。课程在腾讯视频和北师大官方微信平台进行推广，到发稿截止日视频点击量已近 3 万次。同时，也在逐渐扩大课程的学科领域，探索在心理学领域、考古学领域录制微课程的可能，为老师和学生提供多样化视频课程服务。

三、搭建平台，培养学生实践能力

在积极开展新闻宣传和教学服务工作的同时，学校利用新建的全媒体高清演播室及先进录制设备，从学生中选拔出一批品学兼优、热爱电视事业的同学，组建了一支学生记者团。充分发挥学生的积极性和创造性，从新闻报道到各个栏目的策划、撰稿、拍摄、编辑、包装，电视台记者团都放手让学生独立进行。迄今为止，已经推出了如《聊吧》《校园广角》《师大播报》《希说历史》《飞乐国境线》《京师电影报道》《师大故事》《师大人物》《名师面对面》等多个精品栏目。他们关注校园动态，对内对外展示北师大师生工作生活的方方面面，节目活泼、生动，备受广大师生的喜爱。其中由历史学院 2013 级本科生季家希自编自导的《希说历史》节目荣获 2014 年“视友杯”全国高校电视奖栏目类一等奖。在历届感动师大新闻人物评选中，由学生制作的《感动师大新闻人物》专题片，对整个颁奖大会的成功举行起到了关键作用，并多次被央视、教育台等媒体采用。

我们积极鼓励学生参与校外交流活动。2014 年 8 月，电视台记者团加入了首都高校传媒联盟，定期参与节目汇评活动，并取得较好的名次。与此同时，为配合首都高校传媒联盟的活动，我们还在校内进行街头采访，如 2015 年母亲节街采，被中青视频采用。通过节目制作和校外交流活动，有力地提高了学生的各方面能力，使校园电视台成为学生增长才干、提高综合素质和能力的重要培养基地。

四、平台拓展，寻求多元化、多方向发展

当下科技发展迅猛，媒介载体多元化发展，过去以电视为载体的影视、电视节目逐渐失去曾经的受众。特别是在受众面相对狭窄的高校区域，如何让更多的师生及时、有效地收看电视台所制作的电视节目，新闻中心电视台在平台拓展方面进行着不断地努力。

2014 年，党委宣传部新闻中心融合媒介形式，在互联网、手机等新兴媒体与电视、报刊等传统媒体并行的全媒体时代，强力打造“融媒体中心”。与此同时，新闻中心电视台树立整合意识，统筹各种资源，积极推动与校报、校园网等校园媒体以及腾讯视频、微信公众平台等社会媒体的联合，宣传效果良好。2015 年 1 月在北师大官方微信平台推出《北师大一分钟新闻》《回眸 2014》特别节目、《感动师大新闻人物》《科学微运动》等，都是高校电视节目以新媒体为平台做出的大胆尝试。未来，面对更加多变的媒介载体形式，我们将积极应对，力求将学校的新闻宣传工作和教学科研服务工作与影视文化有机结合起来，营造出积极向上、勇于创新的校园媒体氛围。

浙江大学广播电视台电视工作写真

韩天高

浙江大学广播电视台由学校党委宣传部主管主办，是浙江大学校园声像节目的制作播出机构，校园广播电视网络的维护管理单位，以及广电安全播出的责任主体，目前也是学校广电外宣工作的主导科室。作为校园主流媒体之一，浙江大学广播电视台发挥自身“闻声见面”媒体的独特作用，致力于优秀、有志媒体的创建，围绕中心服务大局，贴近校园服务师生，跳出浙大宣传浙大，积极释放新闻宣传、舆论引导、形象塑造、史料留存主渠道功能以及管理育人、民主办学等协同性功能，为学校的健康、稳定、持续、快速发展做出了应有的贡献。

本文拟从历史沿革、内容生产、事业发展、台本建设工程等师生办台、开放办台方面，重点围绕电视工作进行写真和素描，与高校电视同仁们“忆苦思甜”。

一、历史沿革三阶段

1. 台之初

20 世纪 80 年代末至 90 年代中期，在我国高校校园电视事业初创时期，浙江大学广播电视台应运而生，于 1994 年 1 月由时任浙大校长路甬祥院士题写台名正式挂牌成立。

2. 大发展

1998 年至 1999 年，四校合并，组建新的浙江大学，各个校区的校园电视网络并网合一，并获批纳入本地电视行政管理体系，成为浙江省十几家企事业单位有线电视站（台）之一。

3. 新起点

2008 年前后，台址与电视播出机房陆续从玉泉校区搬迁至紫金港主校区，并于 2014 年完成校园有线电视数字电视整体转换，联合社会力量拓建覆盖全校公共建筑主入口的浙大屏媒系统，建设新版网站，开通微信公众号“声像浙大”，形成了延续至今的“机屏网端”四元复合播出主渠道。

二、内容生产三步走

1. 电视新闻节目优先建设

浙江大学建台早期的重点是创办周播节目《浙大新闻》，自 1997 年至 2007 年完整运行 10 年时间。后来，随着传播模式与语境的变迁，以及自身栏目的多样化，新闻板块节目从“一元复始”走向“三阳开泰”以及“单条快播”。

2. 非新闻性节目后势起航

浙江大学组织学生力量，早期自办杂志型电视专栏《菁菁校园》。各版块充分发育后“一分为四”裂变为四档非新闻性栏目，通过不断丰富和改版，持续打造风物、科普、脸谱、读书、青创等本体核心内涵，名称上从“四字头”为主逐渐融合了“二字头”和“五字头”。高峰时期，每周自办的新闻性和非新闻性电视节目内容达到 15 档左右。

3. 非节目性功能迅速扩展

自 2004 年完全依靠自身力量自主完成采编设备“模转数”以及其后“标升高”以来，浙江大学广播电视台的实况录制功能、专题片和短视频摄制功能、广播电视对外宣传功能、摄制组接待服务功能等获得了极大发展，有机补充甚至在某种程度上“更新换代”了传统的电视栏目制作与播出功能，体现出时代发展的鲜活脉动。

三、事业发展三课题

1. 新理念课题

俗话说，火车跑得快全靠车头带。而这个“车头”，首先应该是回应时代发展需要的新理念。浙大广电人早在 2008 年就认识到新理念引领新发展的重要性，经过深入研讨，明确提出了“声像浙大，影响你我”办台总主题和发展新理念，并贯彻于开放式办台、内涵式建设全过程，目前仍然执行在路上。

2. 新闻台课题

新闻立台，基业长青。电视新闻宣传，是浙大电视起家的“初心”。自台址搬迁以来，新闻业务上进一步与学校新闻办整合资源、统合流程，电视人有机会始终站在学校重要活动和重大科研成果报道第一线，一大批科研类新闻报道获得高校电视奖好成绩，形成了整体优势和自身特色。目前，浙江大学电视台正进一步携手校园新媒体聚焦新闻主业，开拓“多联产”协作互动、协同致效新局面。

3. 新媒体课题

新兴媒体的崛起，给高校电视带来了强劲挑战和巨大潜力。如何借势新媒体转型发展，成为亟待破解的“头等课题”。浙大宣传工作人员的主要做法是传统新兴两型媒体“双向进入”：浙大广电开办“声像浙大”微信公众号，积极发展自主新媒体；宣传部将学校官方微博及其学生团队整体划拨电视台指导，实现合作共赢、交错提升。目前看，新媒体“来同”效果非常好，但新媒体自主延伸成效尚不明显。总体而言，转型发展任务艰巨、道艰且长。

四、台本建设三工程

1. 响亮工程

办台过程中，始终注重广电基础设施建设和基本功修炼，并针对2017年双甲子校庆集中发力，发挥了无可替代的重要作用。组织创作多类型12部宣传片，满足不同情境的视觉传达传播需要；协同授权转播电视台和10家网络媒体开展校庆纪念大会、文艺晚会等的实况直播、新闻直播和网络直播，可统计的全网浏览逾660万人次；承担完成主活动场所大屏幕协同建设、纪念大会全流程影音播放操控、城市文化广场音乐喷泉及灯光秀协同设计、校庆光影秀内容设计等项目任务，有声有色地打了一场“响亮”攻坚战。

2. 媒栏工程

围绕广电外宣工作的开展，浙江大学广播电视台认真做好来校摄制组拍摄方案制订与接待服务工作，重点打造“上央视”“上央广”等上名媒上名栏工程。双甲子校庆年期间，浙江大学广播电视台前后推出五轮上央视“冲击播”，一大批重要活动和深度选题转化为央视新闻频道、国际频道乃至《新闻联播》的新闻报道。特色题材“上央视”以及上浙江卫视“浙江新闻联播”“新闻深一度”“今日评说”等新闻栏目，现已成为常态。同时，畅通与本地其他各级广电媒体的联系，日常重要活动报道基本能够保障各大媒体记者全到场。

3. 演播工程

拥有足够尺度的电视演播室是做好大学校园电视工作的标配和承载、提升电视工作品质的“枢纽”，而缺少大型电视演播室一直是浙大电视工作的软肋。为化解这一“老大难”问题，给浙大电视安上“大演”，浙大电视人进行了不懈努力和持续奋斗。就目前进展而言，“浙大演播梦”有望在紫金港校区西区建设过程中得到实现。演播室空间现已基本确定，装备投入捐建工作正在逐步深化中。

五、师生办台三基元

1. 编制主导

浙大广播电视台现有编制人员 5 人，电视岗位不足 3 人。鉴于编制人员少而电视投入大这一实际情况，充分发动、利用学生力量办台，并以此为契机增强电视台融入学校办学育人整体工作的黏合度，成为必由之路。通过实践探索，浙大广播电视台现已逐步形成了“师者主导、学生主体”的办台力量以及“师生一体”的办台格局，为新闻立台、文化强台、开放办台等内涵建设与发展提供了可能和保障。

2. 学生主体

浙大电视台学生团队约 70 人，每年 9 月进行一年一度的集中纳新。在“师生一体”框架下成立电视编辑委员会，编委会定期开会，商讨节目选题与采编制播等事宜。工作制度、流程规范齐全，浙江大学广播电视台根据工作量、效果，每月申请给予产生有效劳动的电视台学生人员勤工助学补贴。浙江大学广播电视台目前是全校规模较大、运转较好的勤工助学基地之一，也是校园广播电视记者协会和学生新闻文化传播素质拓展教育培训基地的依托和指导单位，多次获得浙江大学大学生暑期社会实践活动校级“十佳团队”称号。

3. 用户主角

近年来，浙大电视内容生产进一步践行换位思考，增加用户维度视角，并希望从根本上让电视台主创人员退居配角，镜头前入画的师生、视频收看端的用户乃至自己拿起摄像机的人成为主角。因此，浙江大学广播电视台从观念上提出，要将“办电视台”转变为“办电视平台”，把“做电视节目”转变为“做视觉作品”。为此初步确定了大屏小屏互动，“P 生产”“U 生产”并推机制，敞开“浙大屏媒”新终端，重点延伸自身传播和 U 传播；激活“声像浙大”微信号，着重扩展收看入口和 P 出口。

六、开放办台三平台

1. 新媒体平台

如前文所述，浙大电视台新媒体工作的开展总体上还处在困难时期和困难状态。做好新媒体工作的实质也许不在于如何“办新媒体”，而在于如何进行思维转变和产品转型。因此，必须树立互联网思维和产品思维，深刻认识和转化互联网思维中的流量观、极致观，进一步以“短、实、快、好”做好视频产品生产。这个“四字诀”虽然浙大电视台早已有实践，各类栏目或作品总体遵循短（标长三五分钟，超长分集）、实（言之有物，干货实货）、快（及时有效，节奏紧凑）、好（诉求要高，品质要好），但现在看来还远远不够。

2. 全媒体平台

内容为王，渠道获胜。新型内容生产是重中之重，新型传播渠道特别是新型入口建设尤为重要。换句话说，“全媒体”的概念与实务仍然非常重要。不过，全媒体的构建应该在新媒体内涵建设的基础上进一步谋划才会更有意义，而不是反过来。打造全媒体不是电视台自己的事，还需要学校宣传部门进行顶层设计。鉴于新媒体更具平台性而传统媒体已将媒介符号一网打尽，所谓的传统媒体与新兴媒体，不是此消彼长的关系，而应“执其两端以用中”。浙大电视台正本着“以融促新、以新促全”的路径解决全媒体建设问题，开辟了一条新的发展道路。

3. 共同体平台

开放办台是大学电视事业发展的不二选择。浙大电视台全面开放办台有 3 个开环：师生办台是立足校园本土的第一环；赋予整个高校电视圈层以生命力参与造就一个命运共同体，即现有的中国教育电视协会高校电视专业委员会成员共同体，是外层的又一环；自身直接或借助高视会群团式面向社会大众讲故事塑形象，是最外层的一环。浙大电视内开环基础不错，外开环借助广电外宣工作也已经打开，中开环参与度有待进一步提升。高视会是一个学习型平台、研究型平台和合作型平台，浙大电视人有强烈的愿望为高视会的“三型组织”建设进一步做出努力与贡献。

将浙大电视人的努力与付出、学校的大力支持与帮助、学生积极参与的热情结合起来，祝愿浙大广播电视台工作能够更上一层楼！

难忘二十五年
——南京大学电视台回顾

施春明

一部南大校史，就是一首气势恢宏的诗，是一曲婉转动人的歌，她让南大人自豪，让南大人振奋。在这歌声中跳动着无数优美的音符，南京大学电视台的诞生、发展、壮大经历了25年，南大电视人勇于开拓创新、锐意进取、大胆实践磨砺了25年。在这平淡无奇中，南大电视人默默无闻地记录了她的成长史，同时，也奏响了与南大史相和谐的乐章。

一、基本情况

1991年9月10日，南京大学电视台第一期新闻节目的播出，标志着学校校园文化建设迈上新台阶，架设起一座沟通学校与广大师生员工的桥梁，并成为学校党委、行政的重要舆论阵地。1套专业摄录编设备、1间简易演播室、3名制作人员和3名线路维修人员构成了南大电视台的雏形，6名从未接触过新闻工作的教育技术专业人员踏上高等学校自办电视台的探索之路。

1993年7月3日，学校第144号文件进一步明确：“南大电视台由于其业务与教育技术中心的业务密切相关，这两个单位合署办公，两块牌子一套人员编制，统一安排工作。”该文件的颁发意味着通过2年的实践，证明这种高校自办电视台的模式是切实可行的。教育技术中心由单纯地为教学、科研提供现代化手段，拓展成运用现代传媒手段，为融思想品德教育在内的、培养品学兼优的合格人才的大教育、大电教。合署办公极大地提高了设备的使用效率，充分发挥了专业技术人员的潜能。

1997 年，网路传输技术日臻成熟，校园网络电视台应运而生，标志着电视节目传输进入网络时代。

2015 年 6 月，伴随着南京大学的事业发展，校党委、行政对宣传工作提出了新的要求。为了深入贯彻落实南京大学第十次党代会精神，构建“大宣传”的格局，扎实推进学校新闻中心实体化改革，学校下发了《关于〈南京大学报〉编辑部、南京大学电视台并入南京大学新闻中心的通知》（南字发〔2015〕84 号）。《南京大学报》编辑部、教育技术中心所属南京大学电视台并入南京大学新闻中心。至此，校电视台机构归并党委宣传部（新闻中心），正式在编人员 5 人，并组建了 15 人的学生记者团队。

二、四种精神

南大电视台诞生于百年老校，秉承了南大“诚朴雄伟、励学敦行”的优良传统。如何围绕学校中心工作开展宣传报道，坚持正确的舆论导向，发挥电视宣传优势，提升南京大学的美誉度，激发教职工的爱校精神和敬业爱岗的参与意识，增强凝聚力，发挥电视传播优势促进学校各项事业健康发展，成为南大电视台永恒的课题。

贯穿于南大电视台 25 年岁月之中的是爱岗敬业精神、勇于奉献精神、开拓创新精神和团结协作精神。

第一，爱岗敬业精神。只有爱岗才能敬业，南大电视人清醒地认识到肩上的责任远远重于肩上摄像机的分量。20 余年来，爱岗已成为南大电视人的一种自觉行动。具体表现为人员思想安定，工作热情高，大家能静下心来钻研新闻理论，努力提高业务水平，不断开拓创新。经过磨炼，制片能力有了长足进步。

第二，奉献精神。在校电视台，“奉献”不是一句空话，而是实实在在的行动。为采访新闻，为制作节目，20余年中，电视台人员以任务为导向，不知加了多少班，放弃了多少个节假日，熬过多少个不眠之夜。在校园里到处都能见到他们的身影，为了拍好片，出精品，不仅需要付出大量的脑力，还要付出体力，但他们无怨无悔。例如，为了反映我校大学生外语周活动的情况，采访人员连续一周每晚加班，全方位、多视角去透析、反映这一全国外语教学改革的经验；又如获奖片《烟雨南滩情未了》，该片是假期中一位同志带着设备，冒着酷暑，随学生社会实践团深入苏北农村，反映那里的贫困与落后以及他们对科学知识的渴望。为了将这部片子制作好，制作人员在汽车不能通行的泥泞小路上扛着摄像机步行数里路，拍摄到许多真实感人的镜头。若少走那段路，就意味着这部片子少了感人至深的一幕，就难成精品。一位同事说得好：“谁叫我们干这一行呢？既然干了，就应该把观众的满意度作为最高奖赏。”

第三，开拓创新精神。在相当长的一段时间里，校电视台的节目是以新闻为主，不定期的专题作为补充的模式。随着学校各项事业的发展，以及师生员工对获取信息需求的提高，电视台作为传递信息的主渠道，单纯新闻已不能满足师生员工的需要。因此，1999年4月，在原有条件的基础上，电视台人员自加压力，锐意改革，由原先的1个栏目增设到4个固定栏目，即《南大要闻》《南大人》《校园访谈》《科教新视点》，将以往15分钟左右的节目延长到45分钟。同时，运用新媒体技术，将每期自办节目输入到校园网的主页，目前网上来访者约13万人次/年。另外，还不定期地将学校的重要活动作网络直播。这一系列举措出台后，在校园内引起了较大的反响，收视率明显提高。节目充实了，内容丰富了，关注节目的人多了，电视台人员的努力得到了回报。然而，在这背后他们为之付出的心血，或许很多人都无法想象：每个栏目只有1位责任编辑，既要策划又要组稿，既要拍摄采访又要后期制作，既要保证播出又要尽可能出精品，其压力之大、工作量之大是可想而知的。

第四，团结协作精神。办好一个具有鲜明高校特色的电视台，出一部较高水平的作品离不开团结与协作。团结协作体现在两个方面：一是在业务上相互学习，相互提高，集思广益，以提高办台的质量和水平；二是在工作中分工不分家，尤其是在关系到学校发展的关键时刻，对学校影响大且教职工又迫切想了解的热点问题进行报道时，为追求新闻的时效性，前方多台摄像机采访，后方人员手捧盒饭或方便面在编辑机前争取时间。例如，一年一度的毕业典礼由电视台人员群策群力，独立完成多机位实时直播，成为学生和家长关注的焦点。大家为了一个共同的目标——是为我校创建世界一流大学做出贡献而努力。

三、成绩显著

25 年来，南大电视台共制作并播出节目近千期，其中消息近 8000 余条、新闻专题千部、各类专题 200 余部。在制片过程中，南大电视人始终坚持正确的舆论导向，奏响弘扬先进的主旋律，同时牢固树立精品意识。将镜头对准教学、科研第一线，鼓楼、仙林、浦口 3 校区朝气蓬勃的学术氛围，成为荧屏的主调。为南京大学事业发展鼓与呼，树立教书育人、管理育人、服务育人的典型形象，已铜雕石刻般地记录在那长达 4000 余小时的音像资料带（库）中。这当中不乏融思想性、艺术性为一体的佳作。原南京电视台台长、江苏省有线电视优秀节目评委瞿若烨多次称赞道：“南大的节目选题好、立意高、构思新，看后沁人肺腑”。

25 年间，为了履行南大电视人的历史责任，他们肩扛摄像机跑遍江南的北园和南园、仙林新校区以及江北龙王山麓的每个角落，捕捉着教学、科研、学术交流、科技产业、外事活动、后勤工作的精彩瞬间。在就首都北京“两弹一星”功臣丁衡高、黄纬禄、任新民的家中，在改革开放的前哨深圳、在新疆的伊犁河畔、在车城石堰、在革命圣地井冈山、在贫困地区都留下了采编人员忙碌的身影。令人欣喜的是党和国家领导人视察我校的音容笑貌，诺贝尔奖得主以及世界著名科学家等走上我校讲坛的风采，还有被南大授予名誉博士外国政要密特朗、霍克、老布什、卡特、约翰内斯·劳、加利、默克尔、潘基文等人的精彩演讲，这些珍贵的音像资料都将与南大的历史永存。

20余年间，南大电视台在高强度、快节奏的运转中，锻炼出了一支具有较高思想素质和业务素质的采编队伍。他们脚踏实地、默默奉献，不浮躁、不张扬；他们在电视新闻行业内年龄偏大，但还努力学习新技术、更新老观念，做到一专多能。为学校迎评、重点实验室和重点学科的评估、科研项目的汇报以及招生宣传工作等制作了大量的专题片，过硬的工作作风得到了考验。大家认为，创造精神文明产品，最重要的是要陶冶自身的情操。

20余年间，南大电视台一步步发展长大，这其中离不开学校各级领导的关怀和支持。忘不了学校党政领导多次对新闻报道的重点给予指示，校宣传部的历届部长都十分关心校电视台的建设，在舆论导向上给予具体指导。1995年，学校投资27万元，使电视台拥有了第一台专业级一体化摄像机；1997年，在学校领导的直接关心下，由中国香港十友集团捐资80万元，使校电视台拥有了广播级摄录编设备；2000年，“985项目”启动，学校拨款100万元，使校电视台拥有了广播级数字摄录设备和数字非线性编辑系统，此举也标志着南京大学电视制作迈进了数字时代；学校2015年投入90万元，2016年投入200万元，摄录编存储设备专业化、系统化、数字化得到进一步强化。每次投资都是质的飞跃，这是广大师生员工给校电视台的深情厚爱。正是师生员工的关爱，赋予了南大电视人无穷的精神动力！

四、未来发展

南大电视台如想适应新时期对电视新闻宣传的新要求，就必须锐意进取，不断创新。首先，要继续“扬优”，总结25年自办节目的经验，探讨会议新闻的报道方式，把新闻、专题栏目做好、做精。其次，要深入“探微”，探索微电影、微视频、自媒体在宣传工作中的融合。开设“政务新媒体的理念与实践”大学生实践课，在课程开设的过程中，提高电视台内工作人员的业务水平，同时壮大新闻媒体的创作队伍。最后，还要“传承”，开展南大校史资料整理与研究这一系统工程，对20世纪自80年代至今的历史影像资料进行数字化、信息化、资源化整理，其意义重大，有利于正本清源，弘扬南大传统，彰显南大精神、南大风格，宣传南大形象。

25年弹指一挥间，年轻的南大电视台将伴随着南京大学的辉煌，根深叶茂。

筚路蓝缕　砥砺前行

——重庆大学电视台简介

冉璐璐　刘　腾

一、发展概况

1996年4月，重庆大学为制作学校申报“211”专题片，抽调学校电教中心、宣传部等精干人员，成立了重庆大学新闻中心——知识重庆大学电视台的前身。

特定任务完成后，新闻中心工作步入正轨，明确了具体的工作任务。主要包括：重庆大学教育电视新闻制作及播出，学校各类电视宣传片（专题片）制作，各类科研、教学电视片制作。其主要定位是为宣传和科研教学服务，挂靠学校党委宣传部。

2000年5月，“三校合并”后，新闻中心对3校的电视制作人员进行整合，新闻中心技术力量和制作能力得到进一步加强。2001年9月，根据中共中央相关部委的工作要求，并结合重庆大学党委对学校新闻宣传工作的发展要求，重庆大学电视台（新闻中心，简称重大电视台）正式成立。重大电视台成为学校党委宣传部所属的宣传科室，宣传部副部长为直属领导。重庆大学电视台以党的重要思想统领新闻工作，唱响主旋律、传递正能量，为重庆大学的发展和建设营造良好的思想文化舆论环境。

重庆大学电视台现有在职员工9名，其中主任1人、副主任1人，另外设立了重庆大学电视台学生记者站，学生记者共约40人。重大电视台拥有 140 平方米演播室一间，HDCAM 高清摄像机 6 台，非编系统 5 套，高清录像机 2 台，调音台、切换机、15 米长摇臂、航拍设备、8 讯道 EFP 系统各 1 套，具备较为完备的前期电视摄录和后期编辑系统。

目前，我们利用有线电视频道，传播校园一线发展动态，并在重庆大学网站首页上专设新闻资讯——电视台栏目，利用优酷、腾讯等视频网站传播推广重庆大学相关宣传报道。

重庆大学电视台作为业务服务部门，积极配合学校、学院、机关部处宣传工作，为提升学校美誉度、知名度，在申报各类科研奖项、人才计划、视频资源课上提供重要的技术支持，发挥专业优势，制作了一大批高质量的视频申报材料，积极支持重庆大学发展建设需要。

二、内容生产与播出

1. 制作播出概况

重庆大学电视台成立之初，制作条件极其简陋，让人记忆犹新的是，当时演播室内悬挂了 10 多床学生军训后弃用的棉被当作吸音材料，10 余人轮流在 1 套线性编辑机上作业。当然，在埋头苦干的同时，也得到了学校的支持和关注，办公条件逐渐改善。迄今为止，重庆大学电视台共制作播出校园新闻《重庆大学新闻》10000 余条；制作播出校园新闻专题 500 多部；本校及重庆市高校等大型活动现场直播直录 200 余场次；参与配合美国 CNN、中央电视台、中国教育台、浙江电视台、重庆电视台等省市级以上电视台摄制节目 100 余次；承担制作国家、市、校精品课、视频公开课、资源共享课等各种教育教学片 1000 余部（集）。

重大电视台每天播出自制电视节目 4 小时左右，播出时段为每日 19：40—23：00，校内师生可通过重庆有线电视 302 频道观看。《重庆大学新闻》每周两期，每学年 60 期左右。及时报道校园的最新动态、面向师生传播学校重大学术科研成就、教学成果、人文风采、校园文化等。

重大电视台积极推动传统电视媒体向多媒体融合发展转型，努力拓展电视视频传播新途径，在优酷、腾讯、视友网视频网站上建立了重庆大学电视台自媒体频道，传播视频 150 多个，点击量达 100 多万次。同时，还联合官方微信、微博等多种渠道将视频信息广泛地对外推送宣传，努力实现传播平台的多元化。

2. 重大节目与专题介绍

重庆大学校园生活丰富多彩，学校、各个学院、机构、学生社团都会举办各种各样的学术科技比赛、文化娱乐活动，比如国际文化节、春运会、军训汇报表演、毕业典礼、校园歌手大赛、学术竞赛等。重大电视台就是这些精彩瞬间的记录者，进行现场录制和直播，将学生的意气风发、教师的严谨和风趣用生动的影像保留下来，珍藏在重大人的记忆中。

重庆大学注重利用重大节庆日做宣传工作，尤其是校庆，推广、塑造学校的形象。重庆大学 80 周年校庆活动，通过举办校庆晚会、校庆庆典大会、多种展览、各类学术讲座等系列活动，重庆大学电视台配合校庆宣传，出版了《重庆大学 80 周年校庆》影像资料，极大地提升了学校的知名度、美誉度和影响力。

为了让大众更好地了解重大的历史事件、校园风光和教学设施设备、教育成就，重庆大学电视台制作了学校宣传片、招生宣传片、就业宣传片等。在国家提出协同创新的概念、推出“高等学校创新能力提升计划”（即“2011 计划”）后，重庆大学相关部门高度重视，成立了重庆自主品牌汽车协同创新中心。2014 年，重庆大学电视台制作了《走协同创新之路　圆汽车强国梦想》专题片，积极宣传中心在平台建设、产学研合作、人才建设等方面的成果。

同时，重大电视台也在积极帮助推动教学教研的成果展示，制作了一系列优秀教师的国家精品课程和实验室争取报奖视频等。另外，我们还联合官微推出了特色栏目《探秘实验室》，走进学校重点实验室进行了系列报道、优秀师生采访等，展现“耐劳苦、尚俭朴、勤学业、爱国家”的校训风采，努力做到“内聚人心、外树形象”。

三、教书育人

重庆大学广播电视新闻专业成立之初，重庆大学电视台即成为该专业学生电视制作实习基地。电视台抽调理论水平高、实践经验丰富的教师具体指导学生电视制作实习、全程参与到学生《电视摄像》《电视编导》等专业课程实习实训中，并以此为基础筹划成立电视台学生记者团，制作学生栏目《青春视线》，以新闻专题的形式，从学生的视角关注他们自己的学习和生活。电视台教师不仅从技术、艺术上对学生进行指导，更是以马克思新闻观统领学生新闻制作的自觉性和坚定性，增强贯彻执行党的新闻工作方针、原则的自觉性和坚定性，增强弘扬职业精神、恪守职业道德、维护新闻工作形象的自觉性和坚定性，培养学生爱国爱党，认真执行党的路线、方针、政策，使学生具有良好的政治思想素质，成为合格的新闻工作者。

四、影像记录与传承

影像传递校园资讯，影像讲述校园故事，影像传承校园文化，影像定格校园记忆。重大电视，纪录重大。这是重庆大学电视台的宣传语，更是我们的义务与历史责任。

自重庆大学电视台成立以来，学校的每一个重要节点，科研成果、精品课程申报、大型学术活动、文艺演出等重大活动，我们在跟踪拍摄、采访、制作、播出的同时，更注重对影像资料的保存。目前，重庆大学电视台已为上述工作制作保存各类专题片 1000 多部、保存各类学校历史音像资料 8000 多小时，包括重庆大学建校 80 多年来的 250 多位历代杰出校友的专访视频资料。这些弥足珍贵的音视频资料、影像资料已跨越了 30 年，录像资料也跨越了 6 代摄录设备，目前正进行数字化处理，进行抢救性的归档保存。

为合理利用整合学校现有资源和技术条件，做到不重复建设，用较少的钱办更多的事，由学校档案馆和重庆大学电视台联合组建，由重大电视台主要负责学校新闻类节目、宣传片、照片、录音、录像等音像历史档案资料的收集、录像、编辑、制作、归档、编目、管理，以加快推进重庆大学传统载体档案数字化建设。通过科学规范性地对历史视频资料进行应用，加上电视节目播出平台由单一走向多元，电视台已不再是电视节目的唯一播出渠道，重庆大学电视台电视节目的播出平台必须向多终端化、社交化、交互化发展。它的发展，必须整合网络资源，向网络延伸，培育出更多元化的电视文化生态，这将有助于重庆大学文化的传承和发展。

《重庆大学档案馆数字声像分馆》项目的建设和实施将有利于完善重庆大学的视音频档案资料的保存和利用开发，使广大师生能够更加方便、快捷地获取大量权威的文献资源，同时将促进重庆大学的人才培养、科技创新、学科发展和大学文化建设。

五、存在问题及未来规划

当下是信息大爆炸的时代，各种新兴媒体不断涌现，在改变着人们的收视习惯的同时也在改变着人们的接收习惯和思维习惯。电视台作为传统媒体，曾经的单向“我说你听”的形式早已被打破，正襟危坐的播报形式也越来越被人们拒绝，不管接不接受，一个“短、平、快”的碎片化信息时代已经来到。尤其在大学校园，我们面对的是永远年轻、永远走在时代前沿、追求个性表达与创新精神的大学生群体，如果我们不与时俱进，就会失去最亲爱的学生观众，电视台存在的意义也将大打折扣。因此，探索贴近校园师生的话语形式、提升校园报道的时效性、改进制作模式以及人员队伍的建设、传播平台的开发与建设是重大电视台在向新媒体转型的过程中必须面对和接受的挑战。我们会进一步完善自己的平台建设，利用微信、微博等社交平台推送节目、与观众互动，充分利用好新媒体，紧跟时代的步伐，让重大电视台真正成为校园生活的讲述者和校园文化的传承者！

未来，重大电视台将在致力于做好传统媒体的同时，加深与新媒体的融合，创作出更贴近师生的特色节目，积极调动学生热情参与，充分发挥学生团队的作用，给他们提供更多的实践机会和施展才华的舞台，做到“不丧失功能、不放弃市场、不养成惰性”！

围绕中心 强化优势 助推学校宣传思想工作不断向前发展

——东北大学电视台发展情况概述

刘颖慧

东北大学注重顶层设计，将电视台建设和发展纳入学校发展规划全局，不断加强软硬件投入，分别于2002年和2012年两次对电视台进行全面升级改造，与时俱进地明确电视台宗旨、定位和功能。东北大学为了理顺管理体制、指导业务开展，将校园电视纳入多方联动、资源共享的大宣传格局。

在党委宣传部的统一领导下，东北大学电视台围绕具体承担的工作，将工作思路定位为“资讯全方位，阳光零距离，文化宽视野，教育大情怀”，紧紧围绕学校中心工作，强化电视媒体的舆论引导力，加大品牌建设和对外宣传力度，加快新媒体与传统媒体融合，强化安全播出，不断提高电视工作科学化水平，助推学校宣传思想工作不断向前发展。

一、基本情况

东北大学电视台现有专职教师7人，电视节目每周二19：35进行首播，周三至周日重播。现有230平方米演播室1间，相应配套设备有导播系统1套、高清非线性编辑机7台、大型摄像机2台、小型摄像机10台、灯光音频系统1套、活动看台1套，能够实现新闻、访谈、综艺、会议、报告、网络实时视频播报及虚拟演播室等综合功能。

在节目制作方面主要分为新闻节目、专题节目和实况录像3类。全年拍摄新闻总量500余条，制作播出新闻类节目《东大新闻》和《校园视点》约70期，专题类节目每周制作播出1期，目前主要的栏目有《东大菁英》《东大先锋》《讲述》《筑梦者》《建证东大》《光辉校史》《静观浑南》，讲述身边好故事，传递校园正能量。

实况纪实类节目是对于一些大型活动，如校党委理论中心组学习、开学典礼、毕业典礼等录制实况，有几次还进行了多机位的现场导播。另外，充分利用演播室的灯光、音响、摄录设备等全方位录制条件，把宣传部主办的大视野素质提升讲座（也是针对校外人士的辽海讲坛）的讲课地点设在演播室，大大提升了录制效果。

除了正常工作外，电视台还充分发挥育人功能，组建了一支近百人的学生记者团，活跃在学校重大活动第一线和校园生活的各个领域。

可以说，在近30年的发展中，东北大学电视台出色地承担了记录学校历史、促进师生交流、传承校园文化、服务师生需求的重任。

二、特色做法

1. 创新节目策划，提高电视节目的生命力和竞争力

节目是电视台的生命力。东北大学电视台坚持工作立场有高度、新闻思想有深度、宣传格局有广度、信息工作有速度的“四度”原则，锤炼内容，创新形式，以一流标准打造精品节目。

一是坚持新闻立台，不断创新新闻报道形式。在提高新闻报道时效性的同时将深度报道的专题性新闻、新闻评论、新闻集锦等纳入大新闻的范畴中，形成了重大事件的“全媒体”报道、中心工作的“主题式”报道、热点问题的“解读式”报道、常规新闻的“背景式”报道等特色鲜明的模式。

举例来说，重大事件的“全媒体”报道的典型案例是2014年9月，新校区落成搬迁，在这样一个对于学校具有里程碑意义的事件中，电视台记者深入到搬迁的每个部位，配合校报广播网络、微博、微信等各媒体进行了全方位报道；中心工作的“主题式”报道就是指在党代会、教代会这样的大型活动中，除了正常的新闻拍摄，还增加现场报道、代表采访等环节，并制作播出专题新闻；热点问题的“解读式”报道就是在双选会期间，采访应聘学生、招聘单位、学校就业方面的指导教师等各类人群，并将其穿插在新闻报道中，达到对整个就业工作的解读式报道；常规新闻的“背景式”报道就是针对一些常规性活动（比如某奖学金颁发），在正常的新闻报道后面加入相关背景资料，使观众对整个事件有更加全面的了解。

二是鼓励自制节目，丰富节目生态。充分鼓励和调动大学生电视台记者团的积极性和创造性，开设系列学生自采自制栏目，如校园新闻类节目《校园视点》、毕业献礼类节目《金色流年》系列、读书类节目《读书栏》、校园生活写实类节目《漫画大学生活》、文献记录节目《建证东大》等。

2. 突出典型、深度策划、打造精品，服务学校发展全局

在东北大学的发展历程中，对在教学、科研、管理、服务等工作中不断涌现先进典型，学校不定期选出、宣传一批叫得响、立得住、师生公认的先进典型，号召广大师生向先进典型学习，在学习中赶超、在超越中奋进，努力形成千帆竞发、百舸争流的生动局面，推动学校各项工作不断迈上新台阶。为营造向典型学习的良好氛围，东北大学电视台通过开设《东大先锋》《东大菁英》《筑梦者》《青春风采》等栏目，深入挖掘在学校建设中涌现出的教学名师、科研先锋、优秀党员等先进人物，以众多身边的榜样感染并带动广大师生立志报国、奋发有为。

例如，2016年6月，东北大学电视台为配合学校组织的“讲述·东大共产党人的故事”典型推介会顺利开展，拍摄制作了学校选定的9个典型个人和集体的视频，运用先进的编辑手法和编辑技巧确保视频的观赏性

和感人度，以翔实的事例和真实可感的细节生动再现了东大优秀共产党人不凡的业绩、感人的情怀和无私的付出，讲述了他们以共产党人矢志报国的信念攻坚克难、勇于挑战最前沿科学问题，学而真用、知而能行，勇于担当、砥砺奋进，奋发有为、开拓进取的故事。

3. 打造经典电视文化产品，提高宣传效果的覆盖面和持续性

电视文化产品是宣传思想工作的重要载体。近年来，东大电视台一直致力于打造经典的电视文化产品，努力提高电视节目宣传效果的覆盖面、实效性和持续性。

从 2013 年开始，东大电视台以 90 年校庆为契机，陆续与辽宁电视台联合制作了《东北大学国际宣传片》（中、英文版）、《东北大学招生宣传片》《东大映象》《东北大学校史片》，几部电视片通过不同的表现手法，以一系列代表学校层次和水平的指标以及学校在人类文明进步和社会发展中发挥的重要作用等为核心点，来烘托学校的整体水平，描绘出未来发展的美好愿景，激发起广大师生、校友对学校的强烈自豪感和使命感，大大提升了东北大学在国内外的影响力和美誉度。

2016 年，为丰富东北大学校歌的传播形式、提高传播效果，东大电视台特别制作了《东北大学校歌 MV》，通过一个个写实与艺术相结合的镜头，以展示东北大学核心竞争力为主，客观描述学校多年发展积淀的人文文化底蕴和文化特征，突出展现学校的办学特色和亮点以及在国际国内的综合实力。MV 在电视台和微信、微博等媒体同时推出，受到了广大师生和校友的关注和好评，仅微信点击量就超过了 4 万次。

4. 优化工作流程，规范管理体制和运行机制

明确的工作流程是电视台工作顺利开展的前提。近年来，东大电视台对工作现状、工作内容、开展模式、工作制度等进行了详细地梳理和归纳，并根据实际情况不断进行优化，形成了电视台整体工作架构，绘制了详细的东北大学电视台工作职能图和学生电视台工作流程图，科学规划电视台的工作流程与管理体制及运行机制，使电视台的各项工作有章可循。

其中，工作职能图将电视台工作涉及的电视节目制作与播出、东北大学宣传片辅助制作、大学生电视台队伍建设与管理、微博微信视频制作、广播电视网节目上传与管理、设备管理、视频资料存档等做了详细分工；学生电视台工作流程对新闻类节目、专题类节目、其他节目的制作流程与视频发布做了详细规定，大大提高了电视台节目制作的效率。

5. 主动融合新媒体，实现重大事件全媒体融合推广

微信、微博、网络等新媒体具有强大的生命力和渗透力。东大电视台非常重视与新媒体的融合，2007 年推出“视频东大”视频点播系统；2012 年，在人人网开通大学生电视台公共主页，上传部分电视节目和发展日志；2014 年“视频东大”全面升级为东北大学广播电视网；2015 年开始，东大电视台整合各方的专业资源，全面、深入地实现了与互联网、微信为代表的新媒体的真正融合，让广大师生、校友和社会各界能随时随地收看东大电视台推出的精品视频，比如校庆宣传片、招生宣传片、党建纪实片、航拍、延时的经典画面组合等。

东大电视台除对自身网站进行更新升级、实现专业水准的点播服务外，还与搜狐、优酷、央视新闻网等多家专业视频网站合作，开通多路点播通道。这些举措，受到学生和中青年教师的大力欢迎，也突破了传统闭路电视在物理条件上对校园电视传播的局限，开创了校园电视传播的新空间、新格局。

6. 充分利用高校校园智力资源，推出形式新颖、内涵丰富的短视频

当今在快节奏的生活中，人们对新闻等信息要求获取时间较少，这就可以用短视频来满足人们获取信息的需要。东大电视台充分调动学生团队的积极性和创造性，将专题片缩短至 3 ~ 5 分钟，让学生可以利用新媒体平台，如手机、平板笔记本等设备进行收看。短视频可以在短时间内快速传播，利于信息的再传播和共享。短视频缩短了传播时间，优化了传播效果，因此，深受东大学子的喜欢和追捧。

例如，近年来，在“大众创业　万众创新”的号召下，东北大学学生在创新创业方面取得了突出成绩，以短视频的形式展现创新成果，激励更多的学生投入到创新创业的大潮中。东大电视台跟踪拍摄了部分具有代表性学生的生活和工作，制作播出展现他们创新创业艰辛故事的系列微视频《东大创客》，在学生中收到了良好效果。

我们也希望能培养符合时代需要的学生记者团队，让他们不仅在校园中崭露头角，更能适应社会需求，成为新时代的媒体接班人。

传统电视向新媒体华丽转身

——四川大学电视台新媒体发展探索

黎生 何炜

四川大学电视台成立于20世纪80年代，由原四川大学、成都科技大学、华西医科大学电视台合并而成。曾经在20世纪80年代的教学影片中，如医学教学片和电教片中取得了辉煌成绩。随着商业电视台的崛起，近10～20年来媒体的巨大变化，网络和智能媒体的飞速发展，大学电视台在经费、人员、频道限制、观念更新等方面的不足使大学电视台面临发展困境。为此，大学电视台一直在寻找发展之路。近年来，四川大学电视台对新媒体趋势性方向进行研究，对视频出口、节目制作、人员组织结构、高清设备和演播厅换代、活动组织、栏目设置、新媒体平台创设和推广、拍摄科研活动等方面进行了诸多尝试，取得了一系列进展，目前成为教育部四大创新中心试点之一。

一、网络化：四川大学视频网飞跃发展

首先在视频出口方面，四川大学认识到传统有线电视播出渠道和有线端口的局限性，校园电视大多数师生无法收看，学校的新闻和节目无法传递到师生终端，所以迅速成立了四川大学视频网并在学校官网推出。2013年至今，四川大学视频网取得实现了飞跃式发展。在原有栏目

基础上成功推出多个热点话题和特色栏目，进一步展现了川大文化及师生风采。

在持续加强和改进四川大学视频网建设的同时，四川大学还推动电视台设备升级，重点完善四川大学视频网的管理和建设。2016 年进一步完善了官网搭建，在原有的新闻中心、讲述川大、百川讲堂、校园新闻、聚焦、校园 DV 眼、资讯快报、学生在线、影视剧场网络板块中新增了学生电视台不同专栏，丰富多彩，贴近生活，增加了在校师生对学校视频网的关注。视频网一学期上传新闻、专题、微视频共计 200 余条，每学期总点击率超过 100 万次。视频网已上传各类视频文件 600 多部，视频点击量超过 200 万次，仅以“毕业季”为主题的毕业系列话题，视频点击量就超过 20 万次，视频点击总量超过 1000 万次。

二、新生代组织：成立四川大学学生电视台

大学电视台一直面临人员不足、年龄老化的问题，面对这样的问题，在新媒体时代，更需要电视和视频新生代的出现，接力视频发展。组织结构方面，四川大学教育电视台在加强人员年轻化的同时，还着力加强非编制的学生拍摄队伍的建设。2015 年 5 月，学校教育电视台与校团委共同组建了“四川大学学生电视台”，拓展了自己的团队力量，每年报名参加电视台的学生超过 400 人，有严密组织经常开展拍摄活动的固定学生团队超过百人，形成了一个强有力的学生电视团队。四川大学学生电视台的成立不仅为我校影视相关专业的学生提供了一个非常好的学习及实践平台，也为制作大学生自己的视频类学术论坛、校园活动展播提供了传播渠道。

四川大学学生电视台独立制作完成栏目《无用说》和《锦城人情味》；专题片《校园禁车话题采访》；参与拍摄四川大学迎新晚会、校运会、环校跑、感动川大、教师讲课比赛、英国驻华大使馆活动、华西急救大赛、法学模拟法庭活动、防艾辩论赛；策划四川大学学生电影节启动仪

式以及望江新媒体快闪活动等。

四川大学影视协会也成为电视台强有力的支持团队，在专题片的拍摄方面，进行多次尝试，创作了非常优秀的作品。如学生电视台同学独立完成了《校园荧光跑》《校园歌手明星访谈》《川大漫漫谈》以及《川大青年说》四个学生栏目的制作和播出，丰富了宣传的内容；在宣传方面，完成了商学院创新创业工作采访，2015 毕业季专题片，2015 年本科招生宣讲会和四川大学 2015 年社会主义核心价值观辅导员微课大赛等，在专题片、宣传片上的尝试，四川大学影视协会有非常成熟的表现。

学生团队制作了很多视频作品，除微视频推送部分作品外，其余大量作品也在腾讯视频网、视友网上展播。此外还组织部分优秀作品参加了高校电视奖的评选，如推送好的公益广告作品参加北京网络优秀试听奖的评选。

三、移动平台：四川大学微视频移动平台上线

新媒体平台建设方面，继四川大学视频网上线后，基于移动互联网的发展，移动平台的传播渠道和传播效果越来越具有优势，学校官方微视公共移动平台——“四川大学微视频”于 2015 年 10 月 30 日正式开通基于移动平台的微信公众订阅号“川大微视”，四川大学微视频作为学校三微之一正式上线。自此，四川大学电视台除拥有“四川大学视频网”这一传统互联网传播平台外，也拥有了自己独立的移动传播平台；经过两个月的发展，“川大微视”移动平台一个月时间内就得到了 2 万多粉丝的关注。同时，2015 年“大川微视”还在视频网上新增了《学院风采》《话题访谈》《实况直播》等栏目，展播了“8 秒正能量”学生微视频活动大赛优秀作品、“感动川大”获奖作品；视频移动平台“川大微视”依托“四川大学学生电视台”独立制作完成了电视栏目《无用说》和《锦城人情味》，制作了专题片《校园禁车话题采访》，参与拍摄了四川大学迎新晚会、校运会、环校跑、感动川大、教师讲课比赛、英国驻华大使馆活动、

华西急救大赛、法学模拟法庭活动、防艾辩论赛；目前正策划四川大学学生电影节、“望江新媒体快闪活动”等，新增了《学院风采》《话题访谈》《实况直播》等栏目，特别是展播了“8 秒正能量”学生微视频活动大赛作品、“感动川大”获奖作品，主办的四川大学首届 MV 大赛举办线上投票活动，对 30 个小组的作品在线上进行投票，反响非常热烈，粉丝量随之大幅增长，投票单条作品阅读量超过 45000 次，大大地增加了在校师生对电视台的关注。

四、节目制作：向新媒体时代华丽转身

在节目制作方面，四川大学电视台从常规新闻开始转向多样化的节目制作，节目形式与节目长度根据新媒体时代的传播特点设置。节目重心放在 3 个方面：

（1）学校专题片及各学院相关专题片的拍摄，如华西百年传奇，流光溢彩 110 周年，凤舞九天，及各学院的专题片、宣传片的拍摄；与华西精神卫生中心及学校出版社共同拍摄强心健脑科的教专题片——强迫症、双相障碍症等科教片的拍摄；“8 秒正能量”荷载社会主义核心价值观的微电影拍摄，“纪念抗日战争胜利 70 周年”微纪实宣传片；2016 年与中央电视台、凤凰卫视等多家校外影视公司进行宣传片的文案及创意的讨论和修改，并拍摄多部不同类型的宣传片。这些宣传片反映了新媒体时代的传播特点，利于新媒体传播和扩大关注度。

（2）校内著名人物和教授的系列专访。如姜晓萍、蒋中胜、曹顺庆等教授，王红宁、华西药学院贺琳、华西精神科老专家刘协和等，这些专访在视频网上推出，同时也在四川大学微视频微信平台上推送。其中比较典型的如对道教研究大师卿希泰、新闻奠基人邱沛篁、华西历史记忆关键人王翰章等人物的专访，都在不同的新媒体渠道上推出，以人文故事的方式，讲述川大故事，扩大了学校的影响。

（3）制作了“人文大讲堂”等大型系列讲座视频项目。如王红教

授的《风雨江山之外：中国诗人的“诗心”》，黄宗贤教授的《互动与超越》，历史学院陈廷湘教授的《中国文化的基本精神》，文新学院谢谦教授的《人文智慧与科学真理》，王红、黄宗贤教授的《珍爱生命》，文新学院周毅教授的《文学与人生》，余平教授的《哲学与思想》，历史学院霍巍教授的《解读古代文明的密码》等，在视频网上很受欢迎。

这些多样化的节目具有以下特点：

①非常适合新媒体传播。如 2016 年上半年，四川大学微视频着力改版，分设了《科研王牌》《校庆倒计时》《大师风采》《庆典》《拍客》《自制网络剧》《花满春江》《商业街创业故事》《电影说》等栏目，节目活泼多样；同时，四川大学电台积极联系各学院及各级学生社团等，将四川大学学生电视台及四川大学艺术学院编导系统一整合到四川大学教育电视台，为热爱影视视频技术的同学搭建了一个较好的实习和锻炼的教学实践平台。学生独立完成了以下的视频拍摄及后期编辑工作：《遇见》《四年·嗖》《介绍视频》《江安九点后》《不高山之恋》《回首开学，不忘初心》《开饭啦》《望江的花》《校会新年祝福》《最好的未来》《PGC 十周年》《新年音乐会》等节目，总点击率超过 100 万次。

针对国家万众创新创业的社会环境，以及学校创新创业的宣传重点，制作了商业街风采，展示了有关节目如《安然森活》《创瘾》《加七》《拾笺》《优印堂》《幻宇音乐咖啡》《艺术坊》《Lemon》《小巷的钥匙》《鲜花馆》《琴筝佳韵》《四川大学航拍》等，为四川大学新媒体联盟制作了《大川快闪》《微言教育宣传片》《2015 年新媒体年会大川介绍视频》，及个人作品程骏嵩《教学楼咖啡厅宣传片 + 采访》，赵婧怡《亲情航线》等，这些作品川在大微视频推出后，艺术效果和宣传效果良好。

②新闻推送侧重现场直播。学校所有重大活动，都采用了现场直播的方式，如四川大学全球校友创业家联谊会成立大会、巍巍中华演讲比赛、中欧公开系列讲座会、2016 西湖青年论坛、本科生毕业暨学士学位授予典礼、博士、硕士学位授予典礼、每一届的国际课程及实践活动周等，直播效果显著，师生和社会关注度非常高，即时性强，互动性好，宣传效果良好。

五、线上线下：依托新媒体平台策划活动

2015年，四川大学党委宣传部与学校相关单位及学院联合举办了2015年第二届“8秒正能量——培育践行社会主义核心价值观”学生各类微创作及评选展示活动，聚合官方微博、微视、微信等各新媒体平台推送展示学生优秀微纪实、微视频、微征文作品近300部（篇），视频网微视频阅读量超过百万次。

2015年，依托“四川大学微视频”，四川大学教育电视台策划主办了“四川大学首届MV大赛”，大赛开展线上投票活动，对全校30个小组的作品在线上进行投票，反响非常热烈，投票单条作品阅读量超过45000次。举行了学生红毯秀，对30个小组作品中的优秀作品现场展播，参与者众多，气氛热烈，影响深远。

2016年微视频重点推出校庆视频拍摄活动，启动了迎接四川大学120周年庆典的“首届四川大学生电影节”，主题竞赛单元为四川大学120周年献礼视频作品大赛。在9月120周年校庆时，用视频作品、电影展播和评奖活动向川大120周年诞辰献礼，为历史留下影像档案。

六、“一网三微”：全面深化全媒体平台建设

2016年，四川大学教育电视台全面规划了四川大学微视频APP改版事宜，建立了四川大学视频新闻专区、教育电视台视频网页面、学生电视台腾讯视频页面、四川大学新媒体联盟页面、大川微信全方面关联、电影节活动专页，并设置拍客互动区，全方位反映学校重要新闻和学生活动。界面鲜活大方，吸引眼球，符合了移动互联网时代的阅读习惯和新媒体时代视频出口的潮流。

总之，四川大学教育电视台研究媒体发展趋势，紧紧跟随传播趋势和潮流，主动出击，寻找不同的有效发展道路，工作卓有成效，得到上级部门的肯定，被中国教育电视协会评为全国教育电视工作先进集体，在未来的工作中我们会戒骄戒躁，再创辉煌。

蓬勃发展的山东理工大学广播电视台

李守洪

2001 年 12 月 28 日，山东理工大学广播电视台的前身电视台、广播台正式成立并开播。当天，学校在鸿远楼一楼报告厅隆重举行了电视台、广播台成立暨开播仪式。当时的山东理工大学（筹建）临时党委书记范跃进，大学（筹建）行政领导小组组长姚福生院士亲自为电视台、广播台揭牌，当时的党委副书记袁俊平、党委副书记都光珍及有关部门和学院负责人参加了仪式，范跃进书记作了重要讲话。从那时起，到 2016 年正好是 15 周年。

2001 年 12 月 30 日，学校向山东省委、省政府报送了一份关于我校成立电视台、广播台的信息，当时的山东省副省长邵桂芳同志于 2002 年 1 月 7 日在那条信息上作了批示。

根据国务院《广播电视管理条例》和原国家广电总局第 32 号令的要求，学校于 2002 年 7 月 14 日以山东理工大学文件（鲁理工大政发〔2002〕14 号文）的形式向淄博市广电局提出批准申请，淄博市广电局随即将情况上报山东省广电局，经过省、市广电局两次考察，山东省广播电视局于 2004 年 10 月 26 日发出鲁广社字〔2004〕61 号文件正式批复。

2005 年 6 月，学校将电视台、广播台合并，组建了广播电视台，并明确为副处级建制。

2013 年 12 月，广播电视台正式更名为广播电视中心（内部习惯还是称其为广播电视台）。

目前，广播电视台有在编教师5人，学生60多人，设备总价值近200万元。

播出广播节目1套，自办电视节目2套。广播早中晚3次播音，播出时间为2.5小时，全部为直播节目；早间转播的中央台的“新闻和报纸摘要”、午间的“新闻空间站”等广播栏目已成为名牌栏目，深受师生喜爱。电视自办节目每天播出近10小时。电视节目接入淄博市数字有线电视网，通过光缆传送到东校区、瑞贤园，实现东、西校区和瑞贤园3地用数字机顶盒同步收看，收看的户数为3000多户。

15年来，我们见证了学校的发展，我们用话筒、镜头、独特的视角，真实记录了学校多年的发展历程，传播着校园文化，见证着学校教学科研、人才培养、社会服务、文化传承等方面发生的翻天覆地的变化，为学校的中心工作顺利开展提供了强有力的舆论支持，保存了关于学校发展的大量珍贵音像资料。

15年来，在校党委宣传部的领导下，我们圆满完成了各项广播电视宣传任务。在酸甜苦辣的工作中，收获了满满的喜悦。

仍不能忘记在2002年合校庆典中，我们协助淄博电视台进行现场直播，制作的电视专题片《山东理工大学全力打造教育品牌》在中国教育电视台播出；2005年的先进性教育活动中，加班加点在3号教学楼一层、二层所有教室安装电视直播系统，为校园直播系统提供了有力保障；我们还多次现场直播先进性教育大会、报告会；2005年10月24日，省委巡视组来我校检查，电视台作为接受巡视组检查的一个方面，当时的省委宣传部副巡视员黄泽存同志看了我们制作的节目和资料后给予高度评价，我校宣传人员备受鼓舞；2006年5月，在50周年校庆之际，协助山东电视台对庆祝大会进行了现场直播，制作了《蓬勃发展的山东理工大学》建校50周年专题片，该片在山东教育电视台、淄博电视台等播出；2007年12月11日开始的教育部本科教学工作评估中，广播电视台同其他校内媒体合作，连续一周在杏园宾馆办公，每天制作播出评估新闻；在2003年11月的第一次党代会和2009年11月的第二次党代会期间，每天制作播出会议新闻；在2008年下半年学校申报博士学位立项建设过程中，我们制作的申报专题片赢得了省里评委的高度评价，为2009年2月以第一名的好成绩拿下博士学位立项建设单位做出了重要贡献，受到省教育厅、专家及领导的好评；2011年5月，我们又为建校55周年制作了专题片，得到校友的广泛好评；2016年，我们启用全高清设备，录制了建校60周年校庆宣传片和风光片。

15年来，我们每年制作播出电视《校园新闻》40期左右，每期约15分钟；制作大批专题片，据不完全统计，每年制作涉及教学、科研等汇报片近20部，录制各种大型报告会、文艺演出等近20部。

每年我们上报山东教育电视台等电视媒体的电视新闻有40多条，其中采用播发30多条，在省内高校名列前茅。

15年来，广播电视台逐步成为人才培养的重要平台，通过定期和不定期的培训和学生的实践，给了学生张扬个性、发挥特长、边学边干的机会。在注重技术培养的同时，也特别注重学生人格的养成。目前，已有大批学生毕业后从事广播、电视工作和其他相关工作。中央电视台、中国国际广播电台、山东广播电视台、济南电视台、青岛电视台、淄博电视台等都有从我们这里走出去的播音员、主持人和技术人员，他们所在的学校没有一个属于广播电视类专业，但是却快速适应了电视台的技术要求。

我们的工作也得到了大家的认可，广播电视台曾获得全国教育电视工作先进集体、山东省教育新闻宣传工作先进集体，淄博广播电视工作先进集体称号。多人次获得山东省委高校工委宣传先进个人、山东省教育厅教育宣传先进个人、山东教育电视台先进工作者、淄博广播电视工作先进个人等荣誉；制作的节目和撰写的论文，多次获得中国教育电视协会奖，制作的广播作品曾获山东省廉政公益广告一等奖。连续举办的十届广播电视主持人大赛、四届微电影节已经成为学校备受瞩目的文化品牌。

所有这些成绩的取得，都得益于校党委的正确领导，得益于党委宣传部的领导和大力支持，得益于包括学生在内的广播电视台全体成员出色的工作。

回首过去，我们感慨万分；展望未来，我们信心百倍。我们将认真总结过去的成功经验和不足，在今后的工作中，按照中央关于新闻舆论工作的要求，围绕学校中心工作，把校园广播电视宣传工作做得更好。

高校电视台在学校发展中应如何发挥作用

——吉林大学电视台概况

金梓衡　冯世博　徐　明

吉林大学电视台隶属于校党委宣传部，是经国家广电总局批准的吉林省第一家高校电视台。电视台始建于1994年10月，其前身是原吉林工大电视台。2000年6月，原吉林大学、吉林工业大学、白求恩医科大学、长春科技大学、长春邮电学院5校合并后，经省广电局批准，更名为吉林大学电视台，并于2002年10月18日正式开播。

10余年来，吉林大学电视台始终认真贯彻落实党的各项方针政策，特别是十八大以来中央的各项指示精神，政治上与党中央保持高度一致。在宣传教育、传播信息、文化娱乐、校园服务等方面发挥着重要作用，是校区间沟通交流和师生文化生活的重要媒体。

吉林大学电视台现有正式员工9人（宣传部长兼台长），学生记者100余人。下设总编室、新闻部、栏目部、播音部、播出部等部门。目前电视台已经形成了完善合理的机构组成、创新务实的培训方法和科学高效的管理制度，逐渐成长为校园文化宣传和创作的前沿代表，成为相关专业学生学习知识、展示才华的舞台，并且拥有一流水平的技术设备，早已实现了数字化。

吉林大学电台现有《吉大新闻》《资讯吉大》《吉大周刊》《E网天下》《专题报道》《体育新干线》《生活便利贴》《名家讲座》等10多个栏目，每天18个小时通过吉视传媒网络向长春全市的吉大用户播出，吉大电视网同步直播，并且可以回看点播。

一是围绕中心开展宣传，第一时间将学校重大活动、重大事件原汁原味地展现在师生面前。这是吉大电视台一直以来的工作指导思想之一。

《吉大新闻》每周两播（周二和周五），在发布的所有新闻中，大约60% 是由学生独立完成和制作的。信息覆盖学校各个方面，每年都会报道大量的学校发展建设的重大事件，全景展示了吉林大学的时代风貌，已经成为社会各界了解、认识吉林大学的第一平台和首要选择。同时积极与当地教育台沟通并传稿，为当地教育事业改革发展做出贡献，得到了上级有关部门的肯定和一致好评。

此外，校园直播是近年来校电视台向全校师生展示学校重大活动的一个重要平台。如吉林大学党代会召开、校领导班子和领导干部年度考核民主测评大会、处级领导干部届中考核述职测评大会、处级领导干部竞争上岗、全校科技大会、青年教师教学水平大赛、全国高校互联网 + 大赛、新生开学典礼、毕业典礼、建校 60 周年、合校 10 周年、建校 70 周年大会及文艺晚会等活动，都是在第一时间以直播的方式展现在师生面前。6个校区的师生只要打开电脑，就能收到直播实况。这种宣传的速度与效果是其他媒体无法替代的。

此外，每逢学校出台重大政策与规划，电视台都要将有关人员请进演播室，以主持人采访的形式向师生进行政策与规划的解读。如学校《十二五规划》出台后，先后邀请研究生院常务副院长、学科办主任、人事处处长、科技处处长、社科处处长、国际合作与交流处处长等对规划进行解读；还曾经邀请新上任的处长们谈新学期的新打算。

为了及时将学校发生的重大活动以最快的速度传达到师生当中，还开辟了《视频快讯》栏目，更迅速快捷地将学校新近发生的重要活动通过校园网的点播展示在全校师生面前。

二是坚持正确舆论导向，及时报道师生中涌现的先进典型，推动学校各项工作的开展。

吉大电视台积极组织开展新闻宣传，真正发挥了活跃校园文化生活，以正确的舆论引导人，以高尚的精神塑造人，以优秀的作品鼓舞人的作用。《吉大新闻》注重策划，充分发挥专栏、系列报道的作用，做到了每期新闻都有专题节目，系列报道每月都有 2 ~ 3 个。吉大电视台策划了《身边的感动》《不同寻常的吉大人》等深度专题新闻，其中，南六大爷杨海山、逸夫大爷张传振、莘子园创新哥张志军等人的先进事迹经过电视台报道后，在校园内引起强烈反响，同时被中央电视台、人民日报、新华网、新华视点等媒体多次报道或转载。同时吉大电视台还策划了《独家视角》《吉大学人》《70 载传承与跨越》《喜迎校庆祝 70 载》等。据不完全统计，每年播出《吉大新闻》60 余期，500 余条；平均播出快讯 20 条，完成了标清升级高清工作；播出《资讯吉大》20 期，160 余条；《吉大周刊》近 20 期；《E 网天下》50 余期；《吉大电影课堂》20 期，共完成直录 30 余场；完成了学校大型活动网络直播 10 余场；社科讲座 30 余场；制作了 10 余部电视专题片，实现了航拍高难技术；完成了多部校园歌曲和航拍片等任务，全年 365 天 18 小时滚动播出，累计播出 8760 小时；网站更新信息 1300 余条。

三是关注民生，及时反映师生关心的热点问题，起到解疑释惑的作用。

《资讯吉大》栏目的办栏宗旨是“吉大关注天下，资讯情系身边”，其定位就是及时反映师生关心的热点问题，做师生特别是学生的贴心人。如围绕着学生身体测试补测、学生公寓开始测试网关认证系统、图书馆使用一卡通、宿舍断网原因何在、校园银行卡使用须知及特殊情况应对措施及其供暖供热、食堂就餐等及时对有关人员进行采访，通过电视手段向师生做解释，起到了一定的解疑释惑的作用。

四是成立新闻传媒实践基地，为更多的学生记者搭建了锻炼成长的平台。

按照把电视台既建成宣传思想的阵地，又建成学生素质教育和实习实践基地的原则，电视台在完成日常宣传工作任务的同时，进一步加强学生记者队伍建设，培养了一批优秀学生记者、优秀播音主持、优秀编导、优秀制片。现有的 150 多名学生记者、30 名电视节目主播和播音员正在电视台接受着全面地培训和锻炼。一支以研究生为主体的研究生记者新团队正在形成。2013 年，学校成立了吉林大学新闻传媒实践基地，每年有 200 多名学生记者在这里得到很好的培训和锻炼。真正发挥了活跃校园文化生活，以正确的舆论引导人，以高尚的精神塑造人，以优秀的作品鼓舞人的作用。广大学生记者积极参与学校的重大新闻采访，并投身到社会新闻媒体进行实践锻炼，得到了学校及社会媒体的一致好评。许多学生记者在中直及省市报社、电视台实习，或在大学生在线、中国高校传媒联盟等兼职，发挥了不可替代的作用。

自建台以来，吉大电视台已培养了千余名学生记者，由于在校时经过电视台真刀真枪的训练，业务已经很熟练，因此这些学生记者一步入工作岗位，便成了业务骨干。他们常常利用出差的机会回电视台看望教师和师弟师妹，大家常说的一句话就是要珍惜在学校电视台工作的这段美好时光，这里是梦想起飞的地方。

毕业后的学生记者有一批在新华社、人民日报社、光明日报社、中央电视台等国家及地方主要新闻媒体就职，他们当中有的荣获全国新闻最高奖——中国新闻奖，有的晋升为高级职称，有的成为单位的中坚力量，有的提拔为新闻媒体的领导。还有的在央视、新华网、凤凰卫视及各省市电视台做编辑记者和主播，他们已成为专业电视台的骨干和中坚力量。

五是精心制作，为学校留存珍贵的视频资料。

在为建校 60 周年合校 6 周年制作专题片时，我们明显感到，吉林大学留存的影像资料太少了。特别是一代名人的资料更少。这主要是那个缺少或没有设备的年代造成的。现在我们处在科学技术高度发展的时代，如果影像资料存档不够，这就是我们工作的严重失职。留存资料的品质取决于设备的好坏。将名人请进演播室做访谈，大师级人物、名人成长的经历既对现在的师生是教育与启迪，更为后人留下了珍贵的影像资料。到 2016 年为止，吉大电视台已保存了从合校大会召开以来的 16 年的吉林大学的重大活动的影视资料。

六是创新观念，努力打造一支全国高校一流的电视团队。

吉大电视台团队，积极开展调研活动，向省市电视台及兄弟院校电视台取经学习，创新观念，严格管理，努力向专业电视台靠拢。开播之初就建立了设备管理制度、交接班制度、审片制度、播出制度、消防安全应急预案等，每年还会对每项制度进行修订和完善，大大规范了电视台人员采访程序和管理机制，使采访过程中的设备安全和管理得到了有力保障。2016 年，在学校及建设银行的大力支持下，全媒体采编中心正在紧锣密鼓地进行，全媒体采编中心以努力打造一个以数字化、网络化为基础的新闻制作网络系统为目标而认真工作，该系统以内部网络为纽带，以中心存储和数据库为核心，通过网络化制作平台对资源进行统一调配管理，将素材收录、编辑、审核、存储、管理、发布等不同业务汇聚到中心服务器。建立高效、安全的数据传输和信息传递的通路，能够切实提高新闻的时效性，实现媒体采编全程全局的数字化和网络化。

2015 年，吉大电视台成功举办了全国高校电视评奖大会，来自北京大学、清华大学、浙江大学、中国传媒大学、浙江传媒学院等全国 70 多所高校的百余名代表参会，提升了吉大电视台在全国高校中的知名度和影响力。吉大电视台每年上报的电视作品大多荣获一等奖。此外，吉大电视台还印刷出版 30 余万字的《吉大周刊》一书，与中央电视台、凤凰卫视、吉林卫视等知名媒体建立了良好的协作关系。吉大电视团队做到了行业自律、遵纪守法、勤政廉洁，形成了团结、进取、自信、和谐的工作氛围。在实际工作中，吉林大学电视台在学校的发展建设中发挥着其他媒体不可替代的作用。

在今后的工作中，吉大电视台将努力建设成为全国高校一流的电视台，成为培育和践行社会主义核心价值观的重要阵地，传承吉大精神的重要窗口，丰富大学文化的重要载体，展示师生风采的第一舞台，推动学校工作的重要力量。

北京理工大学电视台，在坚守中寻获新生
——一位高校电视台台长的工作手记

王 征

本人现任北京理工大学党委宣传部副部长、新闻中心副主任、校报副主编、校电视台台长。2012 年来到党委宣传部工作，并担任校电视台台长。在学习新闻宣传业务的同时，开始接触“熟悉”而又陌生的高校电视台管理工作。回首 4 年过往，如今的我，依然没有肩扛摄像之力，也无操刀编辑之能，但对校园电视的管理与发展多了几分思考与实践，恰逢高专会牵头组织，给予我几分笔墨空间，特撰此文，分享一二，愚钝之处，还望谅解。

一、北京理工大学电视台的发展背景

北京理工大学作为国内知名的理工科高校，对于电视自然是不陌生的，而且还在中国电视事业的发展史上书写过浓墨重彩的“第一笔”。1956 年，北京工业学院（北京理工大学前身）的“理工男”们，在学校的支持和苏联专家的指导下，以学生课外科技创新和毕业设计课题的形式，研制出新中国第一套电视发射接收装置，并正式向国家邮电部申请将 49.75 兆赫作为电视信号专用频率，从此“中国第一个电视频道”永远地留在了北理工。

当然，技术研究和拍摄制作是两个领域，但是作为具有理工科背景的高校，北京理工大学自20世纪80年代起，就在电教中心开始摸索使用电视技术应用于教学工作，并服务于宣传工作。当时在学校的大力支持下，北京理工大学不仅购置了全套进口的拍摄编辑设备，也是国内非专业院校中较早建设演播室的学校。大小2个演播室平台曾一度服务于中央电视台、北京电视台一批知名节目的录制。即使到了今天，演播室平台仍有不可替代的优势，彰显了老一代学校领导的远见卓识。

在之后的岁月中，电教中心由于机构调整，其中的电视拍摄制作力量被划归宣传部。学校也于2010年70周年校庆之际正式成立了北京理工大学电视台，标志着北理工校园电视开启了规范发展的新时代。

二、进入新世纪，校园电视遭遇发展低谷

校园电视的出现，体现了高校在人才培养、科学研究以及思想宣传等工作发展中对电视技术的需求。电视作为一种高技术含量的媒体形式，技术发展决定了其在校园中的兴衰成败。以北理工的校园电视为例，在20世纪80年代，作为国内一所知名的理工科高校，根据工作要求，在全国高校中较早的形成了自己的校园电视力量。这个历史阶段，除专业电视台之外，也只有高校这样的单位具备设备采购、人员配备的实力。伴随着时代的发展，电视技术逐渐普及，时至今日，技术的门槛再也不是不可逾越的“鸿沟”，相比之下，校园电视在技术实力上的优势逐渐淡化，甚至受限于体制机制，落后至十分尴尬的境地。总体说来，在当前社会媒体技术发达、资源丰富的背景下，校园电视面临的挑战和困境主要有如下几点。

1. 专业电视人才枯竭

首先，高校作为以教学科研为主要任务的单位，除了部分在电视媒体技术方面具有较强学科优势的学校外，校园电视在学校中一般隶属于行

政管理部门，人员性质以管理人员为主，而电视技术本身是极具专业特性的技术岗位。因此，从事校园电视的工作人员将会面临个人发展成长的挑战，在职称、职务晋升上，产生不匹配的问题。当然，近些年来不少高校在体制机制上做出调整，为校园电视从业人员提供合适的发展路径。

其次，高校校园电视的从业人员，随着年龄的增长，逐渐进入职业生涯的末期，在接受新技术和新理念方面的能力逐渐下降，无法较好地适应电视技术的发展潮流，校园电视从业人员队伍的老化，是高校不得不面临的问题。由于高校的自身特点，校园电视人员流动不大，所以无法较好的从内部通过岗位调整获得新的人力资源，校内也难以寻找具有专业电视技术背景的人员。

最后，视频产业飞速发展，已经成为社会上较为热点的行业之一，视频类人才规模迅速扩大，但是兴盛的产业并没有给校园电视带来有效的发展动力。校园电视因其公益属性昭然，无法加入到利润丰厚的社会行业中去，并且按照学校的管理模式，始终要以服务学校、人才培养等中心工作为目标，导致其待遇与社会同类岗位的收益差距悬殊。同时，校园电视在技术水平、工作要求方面的落后，也无法为从业人员提供更好的职业成长条件，因此伴随着老一代校园电视从业人员的退休或转岗，专业岗位招聘面临越来越大的挑战。

2. 设备平台建设滞后

校园电视除了需要具有专业技术能力的人员外，也离不开设备平台的保障，而设备平台的技术水平则成为影响校园电视发展的另一个关键因素。电视媒体作为高技术产物，技术更新迅速，各类厂商不断推出新产品、新技术，周边技术设备更是层出不穷，形成了巨大的产业链条。推动技术飞速发展的是社会化的媒体市场，而在功能和定位上都非市场化的校园电视，面对蓬勃的高技术形势，则显露出了尴尬的“疲态”，心之所向，但心有余而力不足。

首先，大部分校园电视机构作为行政管理体系的一部分，其定位与职能决定学校的投入无法满足其在平台建设方面的要求；其次，校园电视缺乏高水平专业技术人才的现状，也限制了其对新技术的使用与接受；最后，高校不可能具备浓郁的行业氛围，因此对电视技术的认知始终存在不足。

综上所述，高校校园电视的设备平台建设时常陷入滞后的境地。

3. 逐渐远离中心工作

高校校园电视的诞生，反映的是某个阶段学校中心工作的需要。以北京理工大学为例，校园电视最早诞生于电化教学中心，是学校教育教学技术工作发展的产物。为了丰富人才培养的手段，采用较为直观的电视手段来丰富课堂，展示更多的教学内容，在特定时期，取得了很好的教学效果。同时，校园电视还积极参与科研之中，为科研成果展示、研究过程的记录提供支持，并为学校拍摄宣传重大事件。

伴随着技术的发展，视频技术的门槛不断下降，各类新媒体技术和设备不断出现，当个人较为容易的掌握一定的视频媒体制作技术后，就不再需要学校设立部门进行保障了。校园电视就慢慢远离了教学和科研，而对高校宣传文化工作的贡献成为其主要价值。

4. 校园影响力不断下降

校园电视除了对学校教学科研工作提供支持外，也是校园宣传文化工作中重要的媒体平台。曾经以优于校园橱窗、校报和广播的“新媒体”姿态出现，在相当长的一段时间内，在校园各类媒体中占有重要地位。不少高校围绕校园电视建设了直通宿舍、食堂的闭路电视播放系统。赋予了校园媒体的理念和身份后，也为校园电视台的出现奠定了基础。

但在社会快速发展的整体背景下，新的媒体形式出现，必然对传统媒体形成冲击。自互联网出现后，人们获取信息的方式逐渐发生改变，而手机等移动媒体终端的普及和移动互联网的发展，也直接将媒体带入了全新的生态模式中，校园电视的影响力逐渐趋于暗淡，退居校园网络之后。

三、在社会与校园之间，寻找发展新方向

校园电视在发展中遇到的问题，基于各高校的实际情况而不同，“家家有本难念的经”，但总体来说离不开时代的背景、社会的发展以及技术的进步。校园电视发展受制于资源有限或重视程度不够，可以说是“战术问题”，只要等待机遇，也都是可以迎刃而解。但是，面对校园内外环境和受众人群的巨大变化，校园电视则无法抗衡，这就要求校园电视人必须顺势而为，在新常态下，找寻校园电视的生存之本和立足之基。

1. 新时期，校园电视必须完成一定的技术储备

伴随着社会媒体技术的整体进步，虽然校园电视面临诸多发展上的挑战，但是技术仍是不能或缺的关键因素。因此“谋生存”和“图发展”的高校校园电视在技术储备上必须及格，才有发展的前提。这种及格的标准是具备高清数字化的录制和编辑能力。

从模拟时代进入高清数字化时代，应该说是高校电视台正常的发展过程，也是必须完成的，是在整个社会大环境中生存的基本保障。电视媒体领域的“语言”类型发生了变化，如果不能掌握，就无法生存。这也是校园电视转型发展的前提，无论是服务教学工作、做好学校宣传工作，还是采集各种媒体素材，这都是关键的第一步。

结合北京理工大学电视台的自身发展经验，2010 年学校 70 周年校庆之后，学校电视台的运行仍处于拍摄标清素材，还在使用磁带介质记录素材，编辑人员在拍摄后要进行采集后才能着手编辑，费时费力，周期较长，素材查找和使用都较为不便，更令人忧心的是磁带介质存在较大的数据安全风险。因此，2012 年后，电视台通过积极争取学校专项经费支持，采集和编辑设备进行了整体更换，形成了高、中、低 3 个层次的前端录制设备，全数字化的影像采集存储，大大提升了后期处理的效率和保存能力，为之后的数字化播放与管理奠定了基础。

2. 新时期，校园电视必须具备一定的优势能力

在视频技术普及化的今天，校园电视必须在校园内保持独特的优势，才能体现出自身的生存价值。结合北京理工大学电视台几年来的发展经验，多机位录制能力、网络播放平台、校园数字化播放平台和演播室平台，应该是校园电视着力建设的独特优势。

第一，校园电视台一定要形成多机位的录制能力。在校园中任何师生拥有拍摄设备和后期编辑能力其实并不稀奇，但是相比之下，在面对大型活动和重要活动时，校园电视台能够提供稳定的多机位的录制能力，就不是简单个人可以随便做到的，需要一定的专业水准。当然，目前商业化的拍摄服务并不难找，但是从使用成本到立足校园的便捷，校园电视台的优势较为明显。形成多机位录制能力不仅需要多台拍摄设备和切换设备，更重要的是要有一支技术稳定、经验丰富的拍摄队伍。如果自身力量有限，也应该寻找到长期合作的校外力量，才能在学校需要的“关键时刻”，“顶得住，打得响”。

第二，由于互联网已经成为当前最主要的信息传播媒介，而传统电视台播放系统在不断弱化，特别是在校园中闭路电视系统伴随着家属区的社会化和电视退出学生宿舍，建设网络播放平台成为了校园电视的必备能力，特别需要强调的是，这样的播放能力必须是和学校网站融合一体，才能成为校内唯一的官方视频播放平台。北京理工大学电视台在网络视频播放平台建设中，也曾经采取依托学校网络中心实现网络视频播放，但是由于校园网络的建设并非专业的视频网站，因此在技术维护上存在些许不便，在播放过程中也会由于观看数量等因素给校园网服务器带来压力，而选择优酷、腾讯等大型商业平台，其植入广告的模式，也是学校所不能接受的。在不断探索实践中，北理工电视台选择以视友网作为视频播放平台，并深化合作，视频上传视友网服务器，并将播放代码嵌入学校网站页面，实现了稳定播放，免除了给校园网带来的各种风险和压力，几年来合作良好。

第三，校园电视台既然被称为“台”，就必须具备采集、制作和播放

的全媒体链条。而伴随传统闭路播放系统的退出，到家入户式的播放模式和信息传输模式是无法适应当前的媒体环境和工作要求的，因此必须依托数字化，抓住校园公共空间，建设“广播式”校园电视播放平台，才能为校园电视谋得“阵地”和“声音”。北京理工大学自2015年以来，经过调研，启动了校园网络电视建设项目，在两校区的食堂安装了基于校园网络的65寸LCD屏，不仅建立了全新的校园电视播放阵地，还实现了电视网络化，通过网络实现两校区播放平台的同步控制，自动开关机并接入校园IPTV信号，在非主动播放时段，可播放中央电视台的相关节目，极大地节省了日常维护精力。

第四，校园电视在发展建设中，应实现演播室平台建设。这一专业化的录制空间，也将极大地提升自身技术优势和实力。演播室平台的建设，由于牵扯到房屋空间，因此建设难度较大，但是一旦建设成功，对电视台制作能力的提升、业务范围的拓展，都有不可替代的优势。北京理工大学在20世纪就建设有专业的演播室空间，只是在进入21世纪后使用率一度较低，导致设施陈旧甚至存在安全风险。但近年来，随着慕课等录制需求的增加，演播室平台的价值再次凸显，其专业化的录制环境，包括在声音和灯光等方面的保障，为不少工作提供了有力的支持，也成为电视台最大的优势之一。

3. 新时期，校园电视必须主动向教学工作靠拢

学校中的任何业务，都应始终围绕中心工作开展实施，这不仅是工作的总要求，而且可以在其中获得本部门的发展与成长资源。新时期，学校的中心工作主要是人才培养，因此校园电视应想办法重新回归到中心工作之中，成为有效的支持力量。北理工电视台在2014年前后，敏锐地抓住学校对视频公开课录制的需求，重新与教务处建立起密切的合作关系。在随后到来的慕课“潮流”中，成为学校主要的录制基地，每年均承担大量的录制任务，实现了电视台回归中心工作，为人员、设备和平台带来新的工作牵引和资源支持。

4. 新时期，校园电视应谋划向媒体资源中心转身

校园电视的平台建设、优势建立和服务中心工作，都是新时期自我发展探索的体现，但是不可否认的是传统的校园媒体定位已经出现了无法扭转的颓势，必须寻找新的发展理念，才能迎来发展转机。而这一转机的其中一个选择，应该是向校园媒体中心寻求发展。“今天的新闻就是明天的历史”，校园电视在新闻宣传中的媒体影响力不断下降，但是其所拥有的媒体资源却随着时间的推移而“发酵增值”，成为支持校园文化建设的重要机构。北京理工大学电视台在探索发展中，逐渐梳理了思路，形成了建设媒体资源中心的理念，建设了媒体资源管理平台，并于 2015 年启动起学校历史媒体资料数字化一期工程，完成 25148 张历史图片、12 万分钟磁带记录视频的数字化转换工作，资料内容跨度达 70 余年，涵盖学校发展、科研成果、重大事件、师生活动等诸多方面。这也意味着学校电视台向媒体资源中心转身，迈出了坚实的步伐。建设校园媒体资源中心，明确了发展理念，为今后电视台的发展指明了方向，也统一了电视台人员的思想认识，更好的围绕校园媒体资料采集开展工作，可谓开启了全新的发展道路。

全文到此，已词穷句短，文章观点不够深刻，也不够理论，多基于经验总结，并且也非电视专业角度的论述，多是管理工作角度的思考，均是基于北京理工大学电视台的实际情况而言，仅供参考。撰写此文，也是为自己几年来的工作写下一些记录和总结。不当之处，还请批评指正。

我的感动　与你分享
——大连理工大学电视台情况介绍

柳景超

大连理工大学电视台创办于1991年元旦，秉持“坚持正确导向，服务中心工作，活跃校园文化，塑造学校品牌”的办台宗旨，努力做有力度的新闻宣传工作者，有创新的校园文化传播者，有担当的校史事件记录者和有温度的科研育人服务者。用镜头记录感动，用作品分享感动。

一、发展沿革

20世纪90年代初期，大连电视台节目播出使用的是开路模拟信号，大连理工大学家属区只能够收看中央一台、中央二台、辽宁台3个频道的电视节目。为了解决师生家属看电视难的问题，经大连广播电视局批准，学校投资建设闭路电视网，自办节目。1991年1月1日，大工电视正式开播。1991年6月26日，屈伯川老院长为大工电视题词“大工电视是大工的新闻窗口”。大工电视为科级单位，隶属于电教中心，创办伊始，就开办了《新闻广角》《大工荧屏》《影视剧场》《外语园地》等栏目，节目每周1期，从此成为大工人文化生活不可缺少的一部分。1995年，大工电视信号并入大连市有线电视网，大连广播电视局批准设立“增补37频道”。自此，大工电视走出校园，成为大连理工大学对外宣传的重要窗口。1996年，借助学校积极筹备“211工程”建设工作的契机，电视台购进新奥特非线性编辑机，标志着大工电视正式迈入数字信号时代。2002年电教中心建制撤销，电视台与校报、校广播台、大工新闻网并入新闻中心，由校党委宣传部新闻中心一体化领导。2002年，大工电视台建立视频网站，开始了视频网络化传播的探索工作，并逐步实现所有视频节目在线点播收看功能。自此，大工电视台迈入了网络化播出的新时期。

二、运行现状

电视台在多年的发展实践中，不断地总结经验，在节目策划、编导、摄制、演播等方面逐步完善队伍，优化结构。目前，电视台在编人员5人，分别是台长1人（负责总体工作），导演1人（负责节目创意包装），摄像1人（负责摄像航拍），编导2人（负责文案剪辑）。此外，大工电视台还活跃着一支60人左右的大学生队伍，在网络直播和栏目制作方面发挥着重要作用。经过多年磨合，电视台已经形成了以导演为峰、摄像为骨、编导为面、副台长为柄的“伞”字形工作阵型，团队成员分工互补，结构稳定。日常工作各司其职，重要项目聚团成火，是电视台目前的运行模式。并且电视台还作为人文学院广播电视新闻专业的教学实验实习基地，参与本科教学工作，为学校培养了一批理论水平高、实践能力强的优秀学生。

电视台目前有高清摄像机5台，航拍飞行器2套、8米摇臂1个、苹果非编4套。办公区域由小型演播室、录音室、编辑室、控制室、资料室和办公室共同构成，总面积在240平方米左右。电视台在大工新闻网上建立视频频道，开办有《大工新闻》《专题报道》《在你身边》《校园文艺》《校史故事》《校园视野》《今日大工》等栏目，同时在视友网、优酷网、腾讯视频建立专题页面，开展专项宣传，所有节目通过网络对外发布。电视台还整理出版历年优秀视频作品16部。

三、特色做法

“新闻宣传、繁荣文化、记录校史、服务师生”是电视台给自己定位的4大职能。“有理念、能作为、敢担当、善创新”是电视台的职业精神。“有想法、有做法”是电视台实现目标的关键，而“躬身力行”则是电视台人的优秀品质。

（一）坚定理想信念，新闻宣传有力度

新闻宣传是电视台的立台之本。每年电视台约承担150余次新闻采访任务，内容涵盖人才培养、科学研究、服务社会、国际交流合作、校园文化等多个领域。无论雨雪风霜、不问远近东西，有新闻发生的地方就一定有电视台记者在场。以时不我待的担当精神，在第一时间记录并保存学校发展建设中的重要事件。电视台依据新闻性、时效性等相关要求，选择性报道学校发展建设中的重大事件。录制剪辑精益求精，审核把关严谨认真，用职业精神夯实新闻宣传之基，用责任担当筑牢记录之厦。

（二）善于学习创新，繁荣文化有深度

专项宣传是电视台的腾飞之翼。每年电视台都会紧扣学校中心工作主动策划5～6项视频专题，工作中不断引入新技术新手段，探索新的制作模式，努力用最恰当的形式表达主题思想，力争专题片走心接地气，个个有新意，部部是经典。具体做法如下：

1. 理念转变

节目制作理念由刚转柔，抛弃以往定性定调主动硬推的刚性宣传方式，变为讲故事谈感受的柔性宣传，旁白中尽量少用评价性语言，多用描述客观事实的语言，使观众更有代入感，代表作品《在你身边》系列、《我的2013》《我的2014》《我的2015》系列。

2. 手段创新

积极引入新技术和新的制作手法，综合运用航拍、延时摄影等技术手段，捕捉不同视角，努力呈现不一样的美。代表作品延时摄影《你好，大工》掀起了全国高校延时摄影的高潮；慢动作短片《见证你的伟大》呈现运动员拼搏瞬间之美；微缩摄影《从另一个角度看嘉年华》给观众全新感受；《校园全景地图》开启了鸟瞰校园的新奇世界。

3. 品质提升

力求镜头中的每一幅画面都精雕细琢，情节设计和谐自然，感情表达真挚热烈，代表作品有 MV《我爱你——大工》《大连理工大学软件学院》《大连理工大学国际教育学院》《为梦连理——大工欢迎你》等。

4. 形式多样

专题片、纪录片、形象片、MV、微视频悉数登场，鲜活的视频使宣传更直观。《感动大工年度人物》抒发钦佩之情，纪录片《钱令希》表达敬仰之心，《主楼万岁》再忆当年岁月，《大工朗读者》激励青年学子，《当你老了》MV 引发强烈共鸣，《匆匆那年》《牵手》《父子》触碰心底柔情，《实施精英教育　培育精英人才》展示学校教育风貌。网络直播《峰岚杯》收视 16 万次，《梦想启航》迎新晚会收视 17 万次，招办主任光明大直播活动收视 23 万次，再次刷新历史纪录。一段段视频让宣传工作“暖起来”，凝聚着师生的爱校情怀。

（三）贯彻耐心诚心，服务师生有温度

服务师生是电视台的处世之道。每年电视台都会接到大量的帮助请求，录音录像、剪辑制作、咨询建议等多种多样。有几分钟就能搞定的简单小事儿，也有需要连续忙碌几个月的大项目。对此，我们的做法是能帮助的绝不推辞，能做到的绝无保留，用我们的耐心赢得广大师生的认可，

用我们的诚心换取学校教育事业的进步。大工电视台用躬身力行传承红色基因，弘扬大工精神。

四、问题与反思

习近平总书记说："中国特色社会主义进入新时代，我国社会主要矛盾已经转化为人民日益增长的美好生活需要和不平衡不充分的发展之间的矛盾。"这句话同样也适用于大工电视台身上。大工电视台的专业水平和服务能力赢得了越来越多的人的高度认可，也迎来了师生的高度期待。相对于电视台自身可调动的资源配给，越来越难以应付日益增多的服务请求和工作期待。具体表现为以下几方面：

1. 媒体空间有限，品质要求越来越高

当下社会，自媒体高度发达，网络中充斥着各种咨询信息，而人们的生活节奏却越来越快，每个人花费在手机上的浏览时间已经被各类APP瓜分殆尽。时间已经成为人们最宝贵的财富。同时人们浏览内容趋向娱乐化，也挤压了坚持正面宣传模式的视频作品的生存空间。这些变化使得大工电视要想保持宣传力度就必须不断推陈出新，每部作品都要达到全新的高度，制作难度将越来越大。

2. 服务请求增加，人员精力越分越散

随着师生宣传意识的提升，请求电视台协助的事项越来越多。有些任务打乱了电视台自身的计划安排，也分散了工作人员的精力，致使电视台无法集中力量搞突破搞创新。

3. 疲于应付任务，业务钻研越来越少

"文武之道，一张一弛"，电视台工作人员长期紧张工作，精神得不到有效缓解，导致创新能力越来越弱；终日多线程处理任务，导致对工作

的思考流于表面而不够深入；信息获取不够全面，导致工作格局不够宏大，眼光不够长远。这些因素影响了电视台工作人员对校园电视业务的深入思考，业务钻研少了韧劲和恒心。

要想解决以上存在的问题，应在改革体制机制、补充人员队伍等方面共同推进。具体做法是引入互联网思维改善体制机制，充分调动师生力量，吸引更多有想法有创意的人参与节目创作，推进节目转型，共享节目资源，让电视台从节目生产制作机构向节目分发平台转变。采取多种方式补充人员队伍，将服务功能与节目创新剥离开来，组建两支队伍，平行运行各有侧重。用服务赢得资源倾斜支持创新发展，以创新驱动事业发展带动服务升级，二者相辅相成，互相促进。

五、未来展望

目前大连理工大学电视台正在积极探索转型之路，加强与新媒体平台的融合建设工作，培育创新意识，改进制作方法，提升服务意识，强化服务本领，坚持牢牢把握坚决贯彻中央精神，坚持牢牢把握紧密结合学校实际，努力将学校的新闻宣传工作推上新的高度，为传承大工红色基因，助力“双一流”建设，积极贡献力量。

兰州大学校园电视工作情况介绍

王兴东　法伊莎

一、基本情况

兰州大学电视网络新闻部成立于2004年，其前身是随着全国电化教育兴起时成立的兰大电化教育中心。2004年前后，随着国家层面电化教育中心的解体，兰大电化教育中心也随之撤销，其运行时较为齐备的电视采编播设备以及部分人员并入兰州大学党委宣传部（新闻中心）。刚刚合并后，由于人员、设备、工作机制较为齐全，建有1个80平方米左右的演播室，但演播室在2008年汶川地震时随着所在大楼的拆除而不复存在，进而造成一些设备闲置，正常的摄录播工作也由于平台的缺失开始逐渐衰落停滞。

目前，兰大电视台隶属于兰大党委宣传部电视网络新闻部，是科级建制单位下的一个分支，并未有兰大电视台等独立机构建制。兰大电视台现有科长1人，专职工作人员1人，司职摄像、录像、专题片制作等主要由学生力量来完成。曾制作不定期的《兰大新闻》，时长为8分钟左右，后因时效性问题，改为制作单条《兰大新闻》，配合文字图片在校园网直接播发。另外，兰大电视台还承担一些重大活动的全程录像，节庆时的小专题片、微电影制作。节目的播出以兰大校园网视频新闻专区、官方微博、官方微信为主要平台。

在设备方面，兰大电视台无演播室，原有一些陈旧的采录设备，

2015年采购了摄像机4台，索贝T10系列非线性编辑系统1套，移动非编3套，小型摇臂1套，切换台以及提词器等辅助设备。无专门的机房和办公室，和兰大网络新闻发布困厄在30平方米的办公室内。演播室的缺失以及工作空间的局促，极大限制了兰大校园电视的发展。一是无法组建起成规模的以学生为主体的学生采编队伍，作为综合性研究型的大学，兰大是不缺乏各类人才特别是充满创意的电视兴趣人才的，而且兰大有国内成立较早的新闻与传播学院，但因为没有平台，学生招聘来了也无法施展拳脚；二是由于电视设备的落后缺失，导致学校和宣传部对电视宣传工作不够重视，因此，数年不更新设备，造成兰大电视台的处境越来越差，工作局面越来越被动；三是造成所积累的电视资料偏重高校党政领导活动的多，而真正能体现高校教学科研和社会服务特色的资料相对较少。

二、近年来兰大电视台迎难而上的一些做法

1. 努力争取上级领导的大力支持

对于电视这样需要较高投入的校园媒体来讲，获取领导的支持、理解和信任是非常重要的。因为现实工作中我们经常遇到这样的情况：一是领导认为花费巨资制作做一部片子不划算，不重视这方面的工作，具体干活的人自然也就失去了用武之地。领导有时候会要求工作人员在几天之内制作出一部片子来，却可能没有考虑到电视台“巧妇难为无米之炊”的限制。二是领导可能会由于影像积累的原因，无法接受一些新的拍摄手法，所以可能会在审片子的时候来回折腾，你认为好的东西领导通不过，你认为落后的手法领导看着热血沸腾。针对以上情况，我们有必要和领导多沟通，慢慢让其认可电视制作的规律和流程，从而更加重视电视工作。

2. 操作技术门槛的降低以及电视设备价格的下降为我们做好校园电视提供了契机

校园电视做不好，一个重要的原因是投入不够。但需要引起我们重视的是，随着技术的进步，一些电视设备已经开始大幅度降价，如果能够一次性投入 50 ~ 60 万元，一个小型的虚拟演播室加上高清摄录机和非编设备，就建立起来了，也基本上能够满足学校的视频宣传所需。同时，现在的设备，操作也越来越“简单化”，这也降低了专业技术人员的学习门槛，比较适合学生队伍的使用。所以，市场情况的变化，为我们做好校园电视工作提供了契机。2015 年我们新增了一批设备，在硬件方面有了极大改善，数字化的采录方式也比以前的卡带式更加快捷方便。

3. 加强与校外视频制作机构的合作

这也是迫不得已的办法，但似乎也符合电视行业制播分离的要求。由于我们学校缺少专业设备和精益求精的摄制人员，所以，现在我们专题片的制作很多都是通过与校外视频制作机构的合作来完成的。当然，我们走这条路也经历了一些曲折，首先，我们想到的是与省电视台的合作，可是价格贵得离奇，后来我们发现电视台里的人都有自己的工作室或者公司，直接和这些人合作，价格几乎能便宜一半甚至更多。所以我们转向同这些人合作，之后又发现视频制作的机构太多了，差不多的东西和一些更小的公司或者个人合作，价格还会降低。因此，我们现在的工作真正运行的情况是这样的：所有的策划脚本都是校内人员来做，和一些大的公司签署了常年拍摄协议，主要拍摄校园景色和大型活动，一些相对要求不是太高的专题片，我们就选择同小的公司或者个人合作。这样既发挥了我们自身对校情熟悉的优势，又发挥了不同电视机构设备、人员和手法上的优势，从目前的效果来看，还是能够勉强应付学校方方面面的需要。当然，我们也在加强自身素质的提高以及学生队伍的建设，希望将来在合作学习的过程中逐渐实现独立自主。

4. 重视视频资料的积累和开发

由于学校没有媒资系统，加之办公用房紧张，所以一大堆的老资料、老带子无人理会。2014 年，我们启动了老带子的数字化工作，并且在整理的基础上开发出一些专题片，分为“人物篇”“建筑篇”“学科篇”“学院篇”等，使之成为校史校情和兰大精神教育熏陶的重要材料。这项工作在中国科学院资深院士郑国锠先生逝世后制作专题片时就派上了用场。

5. 为新媒体提供内容支撑

为新媒体提供内容的工作主要由学生团队——视频工作室来支撑。如 2016 年教师节，由学生制作了微电影《爱的原力》，用略带悬疑的手法表现学生的困惑和得到的关心，最终揭示这份全方位的关心来自教师。该片在校园网以及官方微信、微博同时播出，获得了较好的反响。此外，在毕业典礼、开学典礼、大型文艺晚会等重要时刻、大型活动中，视频工作室第一时间剪辑整场活动的精彩部分，给新媒体供稿，以图、文、视频全媒体的形式获得良好的传播效果。

三、对高校电视工作的基本认识和判断

高校电视和高校的校报、广播电台、校园网构成了高校传统的 4 大媒体，形成了“报纸深、广播活、网络快、电视美”的媒介宣传格局，在校园的信息发布、文化传播、形象塑造上发挥着举足轻重的作用。高校承担着培养社会主义合格建设者和可靠接班人的重任，这就决定了高校的校园媒体不仅是一个单纯的新闻发布平台，更是一个对青年学生进行社会主义核心价值观教育和引导的重要阵地。高校电视是集专业性、技术性、创新性于一体的媒体，是集事实、理念、情感、意象于一体的媒体，这样的特点决定了校园电视工作不仅仅是一种工作，还是一种创作。另外，从高校整个宣传的格局来看，我们认为有“三重三轻”的倾向，即重思政灌

输、轻新闻宣传；重内容构建、轻技术装备；重应时应景、轻积累策划。这样的大环境其实也是不利于校园电视发展的。但是，电视影像不仅具有重要的新闻价值，而且具有很强的社会认知价值、历史文献价值、文化传承价值和艺术欣赏价值。特别是近年来，电视影像在学校形象塑造、校际交流接待、校友资源开发、校史校情教育、招生宣传等方面的作用越来越大，效果越来越明显，所以校园电视在高校新闻宣传中的作用是十分重要的。

不忘初心　勇于创新

——记发展中的武汉大学电视台

黎　妮　晓　宇

武汉大学电视台创建于1992年，隶属于武汉大学党委宣传部，全台现有职工8人，其中摄像5人、编导2人。电视台通过校园电视系统和校内外网站平台，运用新闻报道、栏目专题、现场直播、实况录像等形式，面向全校师生员工宣传和报道学校重大事件、政治举措和基层工作，并以纪实艺术的方式，制作播放人物、教学、知识、生活等节目。经过20余年的发展，电视台已经成为不可缺少的校园媒体之一，肩负着学校舆论宣传工作、传播校园文化、记录保存历史资料的重要任务。

自2008年以来，随着一批批专业摄像机和非线性编辑机的引进，以及专业人员、学生队伍的不断壮大，武汉大学电视台抓住发展机会，不仅在栏目数量上有所突破，节目制作水平也得到大步提升。目前，电视台共有4档固定栏目，分别为《武大新闻》《珞珈关注》《对话珞珈》和《最IN青春纪》。

《武大新闻》每周1期，是武汉大学电视台播出历史最悠久的电视栏目，在信息传递和引导舆论方面发挥着重要作用。《珞珈关注》聚焦校园热点话题，深入一线采访调查，影响力日益凸显。《对话珞珈》则充分利用了武汉大学思想库和智力资源库的优势，以访谈和解说相结合的形式，带领观众了解校园风云人物最真实的一面。《最IN青春纪》作为周播综艺栏目，风格轻松多变，语言活泼幽默，深受学生观众的喜爱。

除了制作、播出上述栏目，电视台还负责学校开学典礼、毕业典礼、党代会、新年团拜会等重大活动的直播或录播工作，并配合活动主题推出相应专题片，充分为校园大型活动宣传造势。除此以外，电视台还与学校其他部门合作，参与制作珞珈讲坛、党委中心组学习、新年贺词等视频节目。

值得一提的是，武大电视台日常采编播活动均鼓励学生记者参与，利用台里丰富的制作及播出资源，为武大学子提供宝贵的实践机会和发挥聪明才智的平台。同时，学生记者团也成为了电视台不断创新发展的坚实后盾，通过文字部、摄像部、播音部、媒体推广部 4 大部门的分工配合以及师生团结协作，保证了每一条电视节目和每一次大型活动的顺利完成。

随着微博、微信等新媒体的应用逐渐渗透到我们的生活，互联网正潜移默化地影响着大学生的价值观念和行为模式。对于高校电视台来说，过去固有的传播方式已经越来越不适应师生员工的实际需求，网站的丰富、手机的普及都在分散观众的注意力。武汉大学电视台抓住了互联网带来的机遇，在新媒体浪潮中应势而谋、顺势而为，走出了一条发展与创新的道路。

第一步，以多元化的传播手段稳固收视率。高校电视台的服务对象主要是在校的广大师生及家属，传统的播出方式只能照顾校内的电视用户，固定的播出时间也不利于节目的广泛传播。近年来，随着全国数字电视大规模改造，大部分高校的闭路电视系统都被有线数字电视取代，因此许多高校采用租用数字频道的手段来进行电视节目播放，开机率对于高校电视台来说几乎没有参考性。与此同时，各高校纷纷建立了自己的网络中心、校园网，诸如优酷、视友等视频类网站可以免费上传自己的节目，因此将电视节目放在网站上播出，不仅可以方便师生在任何时段观看，也在无形中扩大了收视群体，用点击量确定了收视率。

然而节目上网只是第一步，为了适应移动互联网的发展，迎合师生现在的观看习惯，武汉大学电视台在几年前便开通了官方微博、微信公众号和 QQ 等社交媒体平台，均交由媒体推广部的同学负责运营，确保在第一时间将电视台制作的节目推送给粉丝。此外，武汉大学宣传部还在各校区主干道上安装了LED屏幕，电视台的各类节目也会定期在上面播放，为创建文明、美丽的校园营造良好的氛围。

第二步，以贴近校园生活的传播内容吸引观众。内容是校园电视台的立台之本，要想赢得观众的喜爱和支持，必须在内容上狠下功夫。过去，武汉大学电视台的固定栏目只有一档《武大新闻》，即对学校本周新闻的回顾。作为党委下属媒体，其内容多为学校工作会议、科研成果、国际交流等，学生真正感兴趣的内容很少。而新媒体的崛起使我们逐渐意识到，观众也许看电视的时间越来越少，但他们对于视频节目的喜爱并没有减少，新媒体的快捷、开放、多元，更能调动观众的积极性和参与性，只有跟上时代的脚步，创作出更多有新媒体特征的校园栏目，才能保持校园电视台的生命力和活力。

为此，近年来武汉大学电视台陆续开办了新闻调查类节目《珞珈关注》，访谈类节目《对话珞珈》和综艺类节目《最IN青春纪》，它们基本由学生自主制作，老师只负责指导和把关，因此在题材、语言、画面的选择上更接地气，也更符合年轻群体的观看习惯。同时，电视台还会与武汉大学官方微博、官方微信合作，根据校园热点事件不定期地推出创意类短视频，不仅扩大了电视台在校内的知名度，而且在各类奖项评比中也取得了不俗的成绩。

第三步，以“校际联网”的方式不断学习交流，扩大影响力。在互联网时代，任何一家媒体都不可能完全独立，不多向其他媒体借鉴学习就会陷入故步自封的境地。对于高校电视台来讲，只在自己的平台上播放有限的原创节目，收视率和影响力基本上只能在原地踏步，节目质量也很难有大的提升。那么，怎样才能从小的校园环境中走出来，探索更大的舞台呢？与其他高校合作结盟无疑是不错的选择。

武汉大学电视台是中国教育电视协会高校电视专业委员会主任单位，从协会成立之初就积极参与协会组织的各项活动。例如协会每年举办的全体成员大会，以及在会议期间举办的中国高校电视奖评比，就是一次很好的学习交流机会。大家不仅可以在会上了解到兄弟高校的先进工作经验，还能现场感受行业内最先进的设备装置。同时，武大电视台还加入了“中国高校电视台联盟”，尝试与其他高校电视台“联网”。除了实现节目题材和内容的共享，未来还有机会联合办节目，和更多高校的学子一起分享学校里的新鲜事。

总之，互联网时代的到来对于电视媒体来说是一把双刃剑。一方面，传统的节目形态和内容在新媒体面前很难延续往日的辉煌，内容创新和渠道拓展是高校电视台的必由之路；另一方面，电脑、手机等电子终端的普及和微博、微信等移动应用的成熟也为视频节目的发展带来了新思路，高校电视台完全可以借助新媒体发展的东风，给观众带来更具感染力、更高效便捷的节目。当然，我们也必须充分认识到，武汉大学电视台的发展，同优秀的高校电视台相比，还有不小的差距，因此还需借助高校电视协会和高校电视台联盟的平台，不断学习其他高校的先进经验和做法，从而提升自己的知名度和影响力。

高校电视台的创新发展路径研究
——以首都经济贸易大学为例

陈 琛

校园电视台的建设，需要人员、设备、资金和场地的支持，尤其需要人员和设备。现阶段，部分大学电视台师生所具备的专业技能和素质不逊于社会电视台的专业从业人员，而且部分校园电视台拥有的专业设备和硬件也达到甚至超过专业影视机构的水准。但是，以上条件只有极少数高校电视台能够达到，大部分非传媒类专业高校并不具备这些优势和背景。下面就以首都经济贸易大学电视台（以下简称“首经贸电视台”）为例，探讨非传媒类专业高校电视台的发展路径。

一、首经贸电视台的内部环境分析

1. 起步阶段

首经贸电视台成立于 2008 年。当时作为北京奥运会志愿者主体承担单位，我校共有 3000 余名师生注册成为奥运志愿者，并在奥运比赛期间统一住校。为方便住校师生收看奥运节目，学校投资建设广播电视网以取代原有的校内闭路电视系统，2008 年 7 月，广播电视网建成并投入使用，标志着首经贸电视台正式成立。

首经贸电视台成立之初，由 1 位专职教师进行指导，设学生记者团团长和新闻部、综艺部、外联部3个部长，学生记者团队50人左右，主要承担校内新闻事件的视频拍摄、记录。由于当时技术力量和场地的限制，电视台没有正式的演播室和新闻节目，只将单条视频新闻在广播电视网和楼宇电视上进行滚动播放。广播电视网设有6个频道将有线电视信号转码成流媒体信号进行播出，1个频道播出校台自制节目，1个频道作视频会议直播；楼宇电视布置在各教学楼和宿舍楼人流密集区域，采用壁挂形式，以CF卡为信号源进行离线播出，广播电视网和楼宇电视的播出信号均为标清信号。

2. 硬件设备

首经贸电视台从2009年开始对原有的标清设备进行更新升级。先后购置了SONY HVR-Z5c，PMW-EX1R，PMW-330K，PMW-EX300等高清摄像机，以及PMW-EX30高清录像机和Anycast Station HD切换台。以上设备除了用于常规视频新闻的采编和演播室节目制作外，还用于大型活动的实况转播。其中"一二·九"合唱赛和模拟面试大赛等活动均为6机位高清信号转播；在学校运动会开幕式转播中还实现了与无人机航拍信号的联通，将航拍画面通过切换台实时传输给现场大屏进行播放。

校电视台的视频新闻制作主要由中科大洋的D3-EDIT 3.0高清非编系统承担，EDIUS和Final Cut X用于专题片和视频片花制作。此外，《首经贸新闻》节目的字幕包装由大洋的DAURIC演播室图文包装系统来离线完成。2013年，电视台媒资系统建设完成，采用大洋eVIAS声像资料数字化管理系统对视频资料进行存储和管理，设计总容量为32TB，16TB冗余，存储采用Spectra logic T50带库。

3. 节目播出

2013年，随着学校网络电视台的投入使用，校电视台播出平台由新的视频门户网站取代了原有的广播电视网。目前网络电视台设立"首经贸新闻""首经贸人"和"原创地带"3个点播频道。"首经贸新闻"以学校重大党政新闻事件为主要内容；"首经贸人"包括《校园微聚焦》等报道热点人物和热点事件的专题类节目；“原创地带”则是为院系设立的原创节目频道。经统计，网络电视台上线半年后访问量达到 3 万余次。因学校网络带宽限制，同时出于安全考量，目前网站的访问端口暂不对校外开放。为方便师生浏览网络电视台的内容，校内用户点播视频不经过流量计费系统，实现校内“免流量使用”。除此之外，网站还设有直播频道，最多可接入 30 路卫星电视信号，方便用户收看。

二、首经贸电视台的外部环境分析

1. 财经类大学定位偏文科，学生实操能力相对有限

首都经济贸易大学是北京市属重点财经类大学，是以经济学、管理学为主要特色的文科类院校。众所周知，文科类专业偏重理论研究，相比强调实践实操的工科类专业，学生的动手能力相对有限，在校内得到锻炼的机会也不多。另外，绝大部分同学从未接触过如摄像机、非编系统、录音棚等专业器材和设备。面对这些“零基础”的学生记者，我们进行培训的难度和成本相对较高，培训的周期也较长。

这一情况直接导致了学生记者团队的人员流失。例如，每年社团招新时，因为对电视台不够了解，或认为自己的“零基础”达不到电视台所要求的专业水平，一部分同学不愿加入电视台；还有一些已经进入电视台的同学，在经过一段时间的培训后，仍然无法熟练使用器材设备，经常不能按期完片交稿，严重影响了播出时效，久而久之逐渐失去了在电视台工作的兴趣，最终选择离开。

另外，首经贸在校生的男女人数比例悬殊较大，也加重了人员流失。2015 年全校新生的男女比例分别为 31.75% 和 68.25%[①]，而在新加入电视

① 《首都经济贸易大学 2015 年度招生工作报告》，2015 年 12 月，首经贸招生办公室。

台的 30 名学生记者当中，男生仅有 2 人。面对沉重的器材设备，不少女同学在基础培训阶段就退出了电视台。

2. 电视台与院系的合作尚不完善，专业支撑作用相对有限

我校文化与传播学院（以下简称“文传学院”）成立于 2011 年 4 月，是全校最年轻的学院之一。学院拥有一个二级学科硕士点——媒介经营与管理、三个本科专业——广告学、传播学和汉语国际教育，在校研究生和本科生约 650 人。

在学校新闻中心下设的广播台、电视台、校报、网络等校内媒体的学生记者团队中，有一半以上来自文传学院。针对这一情况，各媒体隶属的新闻中心与学院签订合作框架协议，成立文传学院学生实习实践基地。根据协议内容，各校内媒体的日常业务，与文传学院《新闻写作》《摄影摄像基础》《影视编导》《媒介经营与管理》等课程内容相结合，以将学生的实践成果与课程成绩挂钩为合作目标。但是，由于各媒体指导教师的岗位属性，他们并不承担课程教学，因此不适合进行成绩评定，致使双方的合作一直没有实质性进展，因而无法实现预期的合作目标。

目前的状况是，文传学院学生在新闻中心参与的业务实践，有相当一部分内容与他们所学的课程内容重合。但由于实践成果无法与课程成绩挂钩，严重影响了学生记者的工作积极性和主动性。比如校电视台的节目制作，需要投入大量时间和精力，在三年级时不少同学都希望能通过课程提高成绩，因此他们多数会选择放弃电视台的工作，转向能够拿到成绩的课程作业，比如微电影、微广告的拍摄。

3. 北京市本地生源较多，学生在校时间短

首都经济贸易大学在 2015 级新生中，北京市生源比例达到 67.42%[①]，近七成的本地生源让学校几乎变成了“走读大学”。不仅周末

① 《首都经济贸易大学 2015 年度招生工作报告》，2015 年 12 月，首经贸招生办公室。

两天学校会变成“空城”，甚至在周中没课的时间，同学们也很少留在学校。这种情况给电视台开展培训、外采等工作造成极大不便。

一方面，由于在校人数少，院系或社团组织的活动数量有限，造成学生记者做选题策划时选择困难，甚至出现“无题可用”的情况；另一方面，电视台安排在周中晚上的培训，因为新生晚自习等原因没有时间组织，而周末的培训本地同学又不愿参加，这些都为电视台培养新人的时间协调上带来很大困难。

三、首经贸电视台创新发展路径探讨

1. 探索“人性化”工作方式

面对以上种种困难，首经贸电视台结合内外部环境，针对自身特点，积极调整建设思路，力求探索出一条合理、健全、完善的发展路径。

我们首先在硬件的选用上改变原有思路，将前采设备向小型化、轻量化，操作简单化转变。例如：电视台购置了索尼全画幅微单相机，不仅体积小、重量轻，配套三脚架也相对轻便；同时拍摄画面的色彩层次、细节表现力等也完全满足专题片制作的需要。微单相机的外设拓展能力也很强，可外接高清监视器、无线采访麦克风、小型摄像灯等设备，可应对新闻采访和多机位拍摄的需要。微单的这些特点，尤其是它的轻便性，能够帮助同学们在进行外采作业时最大限度地减轻负重，因此深受学生记者的欢迎。

此外，针对微信平台视频播放的特点，电视台专门开设了《校园微聚焦》微视频栏目，每期节目时长不超过 3 分钟，选题风格倾向于轻松活泼，内容上更贴近师生生活。例如，在 2015 年 9 月推送的《经贸饼的前世今生》，以学校后勤制作的“经贸饼”为主题，将校园文化传承与中秋传统节日相结合，增加了节目的趣味性和可看性。因为选题新颖，文案可发挥空间较大，学生记者在参与制作时表现出很高的积极性：摄像记者走进从未进入过的后勤食堂对“经贸饼”的制作过程进行全方位拍摄，还努力模仿《舌尖上的中国》的拍摄方式；后期制作的同学更是力求将“经贸饼”的“诞生”过程原汁原味地呈现在观众眼前。同学们认真投入的工作态度让这期节目在上线当晚就达到了2300余次的点击量，并在2016年获得第四届“中国高校电视奖”专题类一等奖的殊荣。

2. 调整节目形式，优化激励机制

随着学校官方微信平台的推出，校电视台也将工作重点有原来的周播新闻节目制作转向时效性更高的微视频制作上。但是追求高时效性的同时也给学生记者的工作提出了更高的要求。针对这一情况，我们适时调整成片标准，将微视频作为官微“捆绑式报道”的重要组成部分，突出视频呈现新闻事件现场感的作用，强化“在场感”的信息传递，弱化新闻性的语言表达，降低后期制作的难度，保证视频的可看性和时效性。比如，在开学典礼上，学生记者团队运用多机位拍摄大量细节镜头来记录现场的氛围，并在后期制作中尽可能多的保留同期声，再配以节奏欢快的轻音乐将历时数小时的开学典礼编成“视频集锦”，配合文字和图片，通过微信平台将新闻现场全方位多层次的推送给用户。目前，电视台制作的这类“视频集锦”包含了对开学典礼、毕业典礼、军训结业表演等大型活动的报道，让师生用户体验到这种“快餐式”视频推送带来的及时性和新鲜感。

另外，校电视台还适时调整稿费支出结构，逐步减少会议新闻拍摄的劳务支出，腾出经费用于提高微视频制作的稿费报酬，同时对点击量高的节目予以适当的额外奖励。新的稿酬管理办法不仅大大增强了学生记者的工作积极性，同时也保证了每期微视频的时效性。目前，校电视台微视频的推送，除了紧跟全校性的大型活动的报道外，专题类栏目《校园微聚焦》也可达到每月2期的推送密度。

四、未来展望

首经贸电视台经过近10年的成长和发展，在实践中不断探索，在反思中不断进步。作为一个年轻的学生媒体组织，我们将积极探索新的发展道路，力争制作出更多的精品节目，我们也将继续探索校园节目的新形式，努力走出一条属于自己的精彩道路，更好地为学校和社会服务。

参考文献：

［1］陈波，李静，靳戈．高校电视台发展现状调查报告（上）［J］．教育传媒研究，2016（1）．

［2］陈波，李静，靳戈．高校电视台发展现状调查报告（下）［J］．教育传媒研究，2016（2）．

［3］谢志春．试论高校电视媒体的困境及突围［J］．电脑知识与技术，2008（36）．

［4］黄平．大学校园电视文化建设研究—以贵州民族大学为例［D］．湖北：华中师范大学，2013.

［5］孙明．高校电视媒体发展特点及其管理模式研究［D］．江西：南昌大学，2013.

［6］杨兆环．利用校园电视点播平台推进校园文化建设的研究［D］．上海：华东师范大学，2010.

［7］于歆．论高校电视、网络传播一体化［J］．西部广播电视，2005（6）．

［8］徐静洁．新媒体环境下河北高校校园媒体整合发展研究［D］．河北：河北经贸大学，2014.

坚守　融合　创新
——浅论新媒体环境下西北师范大学电视台的“生存”之道

李　杰

高校电视台，肩负着高校党建和思想政治工作引领、教书育人拓展、校园文化建设、历史文化传承、核心价值引导的多重功能，也是高校对外形象宣传的重要窗口。然而，面对新媒体环境的严峻现实，高校电视台如何应对，其出路到底在哪里？这是摆在高校电视人面前必须回答的问题，因为它关乎高校电视台的生存和发展。笔者认为高校电视台若要更好地生存、发展，必须转型，否则没有出路。然而要实现成功转型，必须以互联网思维改变传统的电视思维，在准确把握高校电视媒体属性和本质内涵的基础上，彻底研究探讨电视与新媒体融合的正确路径，使高校电视台实现真正意义上的融合、创新、发展，从而焕发出新的活力。

一、高校电视台的现状

1. 影响力下降

高校电视台，肩负着高校“党建和思想政治工作引领、教书育人拓展、校园文化建设、历史文化传承、核心价值引导”等多重功能，虽然使命光荣，责任重大，也关乎高校的社会形象，但播出的自办节目，时效性较差、内容陈旧、节目单一、会议太多、形式呆板、官腔较重；流于仪式化拍摄、形式化制作；缺少广大教师，特别是大学生心理需求且有深度内涵的节目，因此，在校园内很少有人关注，节目传播的影响力持续走低。

2. 受众大量流失

自从互联网技术普及，特别是新媒体、自媒体的大量涌现，靠电视获取信息的传统渠道被彻底颠覆，网络视频、手机视频、微博、微信、QQ 等多种传播渠道，让高校师生更加快捷、及时、便利地获取大量新闻和信息资讯。大学生这一年轻而活跃的群体已不再关注校园电视，而是将其注意力更多地转移到了移动手机互联网，导致高校电视受众大量自然流失，甚至许多师生不知道学校还有电视台。据调查，高校电视台，目前只有离退休人员和部分学校领导、中层干部偶尔关注，其他师生都是偶尔通过学校计算机网络浏览电视台上传的视频（新闻、专题、文艺）节目。

3. 传播渠道狭隘

目前，高校电视台节目（信息）传播途径主要有以下 4 种：（1）学校有线电视网。定时定点转播社会电视台的节目和高校电视台自制的各类电视新闻、专题、文艺等节目。如教职工家庭电视、学生公寓电视、学校公共场所（办公室、值班室、会议室）的电视等。（2）学校网络电视。其实，这是在学校原有电视网络基础上的技术性和功能性改造，本质上没有改变原有的电视传播方式，主要是对原有电视信号播出机房和接收终端的简单网络化延伸和数据化传输。如校园 LED 大屏、楼宇电视等。（3）学校计算机网。这种方式就是电视与网络的简单嫁接，主要是把学校电视台制作的各类节目定期或不定期地上传至校园计算机网，以视频链接的方式实现二次传播。（4）学校官方微信。这种方式也是简单地把电视台制作的节目以微信平台方式推送，而微信平台和电视台没有真正实现平台在技术、内容上的互联互通和数据分享。

但不管采取上述哪种方式，都没有从本质上改变传统的信息传播方式，单向传输、被动接收。也就是说，“传播”更多关注的是信息内容、信息价值，却忽视了传播背后的“关系”价值（内容服务价值、信息服务价值）。

4. 新媒体融合情况不乐观

据笔者了解，目前高校电视台与新媒体融合的情况并不乐观，大都处在较低层次，甚至许多高校电视台还没有触及新媒体。部分高校虽然有不同程度地融合尝试，但大都停留在融合 1.0 阶段。如清华大学电视台、北京大学电视台，深圳大学电视台等，虽然有自己独立的微信平台，但都是定期或不定期推送学校电视台制作的新闻、专题、访谈、文艺节目。距离以“技术与应用融合”“内容与服务融合”“平台与渠道融合”“终端与用户融合”“产业与政策融合”5 大模块为核心的深度融合 2.0 时代还有很长的路要走。

新媒体与传统媒体融合发展的主要方向是通过组织结构变革、构建新媒体平台、推动内容生产的全媒体化、需求跨界合作实现共赢，从而实现新媒体时代的创新赢利模式。面对这样的融合新趋势，高校电视必须因势而谋，应势而动，顺势而为，进一步创新理念、创新手段、创新工作，实施大数据战略、运用云计算技术，以深度融合为着力点，建设“内容制作”“集成播控”“监测监管”3 大平台，构建新型校园视听媒体生态系统，推动高校电视台战略转型和可持续发展，实现自身做大做强。

二、高校电视台的出路

面对新媒体的飞速发展，高校电视台有何生存之道？笔者认为，“坚守主流媒体使命”“融合互联网平台”“创新节目内容”是唯一出路。

1. 坚守主流媒体使命

不论媒体格局发生怎样的变化，笔者认为，作为高校电视台，一定要坚守其作为主流媒体的使命，发挥作为主流媒体的权威性和公信力，敢于和勇于占领高校意识形态主阵地。高校电视台绝对不能在思想意识、节目内容、宣传导向、核心价值、话语表达等方面简单、随性、自由地跟风一般的新媒体，特别是自媒体。

坚守主流媒体使命有其特殊含义，笔者认为，应该着力从以下几方面予以高度认识和理性把握。

（1）积极传播正能量，营造健康绿色校园文化。

在当今新媒体环境下，大学生主要以电脑、电视、手机作为主要信息接收工具，可以接触各种各样的价值观念、生活方式和社会思潮，形成多元化价值观。同时，也可能造成道德判断力的削弱和价值取向的迷惘，为此高校电视台应通过自办节目积极传播正能量，营造健康的校园文化。自办节目应充分发挥在思想政治工作、教育教学改革、学校事业发展、校园文化建设中的舆论作用。节目要接校园地气，紧扣大学生心理需求，宣扬积极健康的思想道德、校园文化，帮助大学生树立正确的世界观、人生观和价值观，促进大学生健康成长。同时，高校电视台要通过报道学校教学科研、校园文化建设、师生教育娱乐生活等方面的信息，积极营造良好的校园文化氛围，培养高校优良的教风、学风、校风。

（2）积极探索育人功能，打造人才培养实践高地。

高校电视台既是传播校园正能量的媒体平台，也是锻炼学生专业技能的理想平台，所以高校电视台是教书育人的延伸地和试验田。学生记者团在参与节目制作的过程中，得到了更多实践和展现自我能力的机会。学生记者运用自己所学的专业知识，结合学校和本人专业实际，在拍摄实践和节目创作中通过专业教师的技术指导、业务培训，能够较快地提高自身的专业技能和综合素养。同时，学生记者与教师、同学在交流合作中，不断强化提高了自身的社会化程度，培养形成了良好的团队协作精神。

（3）积极钻研电视业务，提高自办节目品质内涵。

互联网思维从理念创新和技术驱动的层面给传统电视媒体融合带来了新的机遇。着眼传播效果的最大化，以受众（用户）为中心，重组生产关系，搭建“全媒体”流程，构建电视节目生产的“大传播”生态圈，是电视与新媒体融合的最优路径之一。简单地说，就是要利用“互联网+”的思维，在电视节目生产的整个环境中充分体现并放大互联网的信息服务价值。但是，也必须兼顾电视节目制作的规范化、专业化、精心化，体现节目深度和思想，彰显节目品质与内涵。因为电视节目内容是高校电视台生产、传播与构建高校“全媒体、大传播”生态格局关系的起点和根本。所以，新的媒体环境下，高校电视台工作人员不但要转变、创新思维，而且要更加强化对电视业务的研究学习。

2. 融合互联网平台

电视人原有的传统思维习惯让电视媒体陷入误区和困局，导致传统电视媒体在转型发展中存在3大误区：一是认识误区。不少传统电视媒体的领导对新媒体的认知还停留在相当幼稚的水平，固执地坚守着传统电视的那块“自留地”，不愿意甚至排斥接受新媒体。二是思维误区。传统电视媒体转型中各种“试水”和变革往往由于缺少互联网思维而夭折。三是路径误区。在转型的路径选择上，是自建媒介平台还是对接媒介平台，没有明确的指向，大多是简单的形式和技术模仿。

媒介融合是大势所趋，但也容易使传统电视媒体迷失自我。我们必须清楚一点，新媒体只是一个为新闻及其他信息内容服务的媒介平台而已，相比传统的电视媒体，其媒介属性相对较弱。然而，目前由于传统电视媒体缺少互联网基因，事实证明，简单平移式的融合转型是不可能获得成功的。据调查，不少传统电视媒体已经放弃了自建媒介平台的打算，重新做回内容提供商并想方设法与互联网建立各式各样的合作关系，或者说电视台在竭力打造一个可与互联网对接的内容生产基地和集成平台。

笔者认为，目前比较实用、有效、可行的融合措施主要有以下几条：

（1）建立自己的官方网站、微信公众平台，开辟网络公共阵地。

建设符合高校（定位、文化）特色的官方网站，是电视与互联网融合的第一步。传统的电视是线性传播，无法存储，受收看时间和收看地域的限制，而互联网在很大程度上可以弥补这方面的不足。同时，通过电视台自己的微信公众平台，可以及时推送电视节目、视频资料和相关图片、文字信息，快速实现“病毒式”扩散传播。还可以在官方网站、微信公众平台上设置电视台、栏目、节目、主持人等介绍；登载节目播出时间表，方便受众访问查阅；登载自办的视频节目，有效开辟互动功能等。建设官方网站、微信公众平台也是高校电视台一种全新的营销、推广、传播手段，各种官方信息都可以在这里发布。可以扩大电视的传播途径，提高电视的网络影响力，使电视在更加广泛的范围内得以传播。

（2）利用网络和新媒体技术优势，提高电视的互动性。

电视是单向传播，参与性、互动性较差，而网络最大的特点是双向交流，互动性强。网络时代，电视受众除了选择看与不看之外，还可以选择通过网络来参与电视，积极发表自己对电视节目的看法。互动的需要使电视和新媒体融合发展成为必然趋势。广泛应用的互动方式主要有以下几种：

①网络论坛。论坛为电视受众提供了一个交流、讨论的平台，网友可以畅所欲言，对电视节目予以个性化的评价。

②即时评论。在电视节目后面发表即时跟帖，予以个性化评价。如各电视新闻门户网站就是典型的一种方式。

③短信互动、网络参与。电视台可以利用网站，吸引受众通过网络手段提供节目线索，建议节目选题，参与节目策划、制作。

④网络信息台。设立征集电视节目线索栏目，指派专人负责，让受众以电子邮件、BBS、留言板等方式直接参与到信息的搜集、加工、处理与生产过程中。如今，网友可以成为信息的生产者、提供者和传播者，网友用 DV、手机等工具拍摄的素材，都可以成为电视节目的素材。电视台可以开通网上空间，供网友上传自己的素材，以供电视台选用。

（3）实施台网联动，构建全媒体平台。

目前，网上直播是台网联动的最佳形式。高校电视台可以根据学校的阶段性工作特点，定期邀请学术权威、时事专家、创业精英等嘉宾，围绕重点话题进行访谈直播，还可以通过学校领导与受众、网友之间展开聊天等多种方式，吸引广大网友积极参与和关注。

（4）创建新型电视媒体，巩固和扩大影响力。

无论是从产业发展的商业角度来说，还是从事业发展的传播角度来看，电视媒体在利用网络新技术、融合新媒体的基础上，都必须在建设真正的“电视新型媒体”方面迈出实质性的步伐。要充分依托和发挥电视积累的现有忠实受众资源与网络覆盖资源的作用，积极发展互联网视频节目。节目上网、实时直播、随机点播等能给受众提供更多的选择和体验；整合电视节目的内容资源进入网络，能够获得更广阔的发展空间；电视与网络合作，利用多个平台、多种渠道来宣传推广自己，也有利于提高现在线性传播模式的点播率。但是，电视上网必须升级网站，升级网站投资颇大，并且难以即时见效。对此，我们不妨借船出海、租船出海或者引资造船，选择与一些网站巨头进行战略性合作，这是比较现实的选择。双方合作的基础是：电视有内容，网站有平台。如深圳大学电视台和视友网的合作就是比较好的案例。

加强新媒体与电视媒体的融合，不仅可以增强影响力、吸引力，而且通过提供更多的、更优的服务，可以更加牢固地锁定电视原有的客户群、受众群。电视媒体经过建设与改造，将真正成为适应数字化时代的传媒服务商。但在媒体融合过程中，我们一定要把握电视媒体与网络新媒体的功能与优势互补原则，充分利用网络新媒体平台，强化（挖掘）传统电视的“信息消费”“信息影响”“信息服务”功能。这并不是说网络新媒体不需要内容，只是它自己不以生产内容见长，而是更多由UGC（用户生产内容）提供。当然，网络新媒体也需要PGC（专业生产内容），因此，作为内容生产商的高校电视台将来定会大有作为。

3. 创新节目内容

高校电视台要想在融合中实现新的更大发展，创造新的辉煌，必须创新观念，通过不断强化电视台“文化内涵、学府特色、文化传承、教书育人”的功能定位，不断加强选题策划，不断提高节目制作的专业化水平，提升高校电视台在校园媒体环境和校园媒体产业链中的综合竞争实力。

（1）利用互联网思维，做最有趣味的电视节目。

在互联网、大数据时代，各大社交平台，新媒体的出现，使得受众的选择空间越来越大，获取信息的方式也越来越多。受众通过播客、微博、论坛、QQ 群、微信群等平台接收信息，转发、分享、转载给自己的好友，或者传输给特定的用户群体或组织机构。这样分享式的“病毒式”信息传播提高了信息的传播效率，也满足了受众的心理需求，受众顺利完成了作为信息“传播者”的身份转换，同时网络媒体使受众产生了个性化的需求，而“全媒体化”促使这一需求更加显著。

高校电视台，作为高校党委、行政的喉舌，一定要坚持“主流（价值）立台 + 信息（价值）服务 + 娱乐（价值）体验”的理念，在积极引导师生接受正确的价值导向的同时，要充分利用互联网思维，发挥新媒体语境的优势，尽可能通过有趣味（寓教于乐）的节目为师生提供自由、个性化的信息体验。如今年 4 月 25 日，国务院总理李克强考察四川大学时，学校电视台在微信公众平台相继推出的《总理来了，李克强总理到川大考察》《总理来了，在川大总理说了啥？》等文章，很抓心、很清新、很鲜活、很时尚，是很好的范例。

（2）发挥互联网资源，提升电视节目的时效性。

对电视节目而言，在确保内容和信息真实的基础上，快速传播是第一位的，尤其在用户生产内容（UGC）上，碎片化的信息，使得受众可以利用碎片化的时间选择接受自己想要的信息。这就要求信息要不断地快速推送，培育受众的关注度，而想要吸引受众仔细阅读和收看内容，则需要节目制作的“快速、时新、深度”。

在媒体融合中，电视节目已经变成一种新媒体产品。在此，我们重申电视节目的产品特征，一是为了更清晰准确的定义其以受众（用户）为中心的生产理念；二是为了提高电视节目的传播实效。与此同时，互联网资源和“互联网 +”的思维，让受众对电视节目、信息资讯产生了更高更新更快的要求，这就要求电视台节目制作人员要不断利用互联网资源，提高自身电视节目的创作实力，以适应受众对信息的新需求。2016 年 4 月 15 日，国务院总理李克强考察清华大学和北京大学时，两校电视台微信平台相继推送的《李克强总理考察清华大学》《李克强总理考察北京大学》等文章，快速、及时、有心、有效。

（3）依托互联网平台，扩大电视节目的传播面。

电视传播的革命，其实质是电子信息技术的革命，电视技术的发展变革必将带动电视传媒的发展，以致对整个社会产生不可估量的影响。从另一个角度来说，电视技术的进步，不仅使电视从业者对传播工具的运用与操纵更加随心所欲，而且还极大地扩展了电视作为艺术的表现领域和传播领域。如央视于2009年底推出了国家网络电视台CNTV，被人称作网络电视台中的国家队，是央视进军互联网的大手笔，从此电视媒体与互联网的融合进入了另一个层次。此次变身绝非单纯的克隆，而是一次融合新媒体的尝试。这得益于央视新闻在媒体融合的道路上勇于尝试、不断创新。

（4）强化互联网体验，以观众视角创新电视节目。

传统电视节目的采编过程是：获取节目线索—采访—写稿—剪辑—播出，强调传播性；而媒介融合时代，节目理念由传播性向服务性转变，更强调迅速和互动。“媒介融合”重点强调两点：第一点是平台。电视节目采编过程发生变化，原因之一是多了个平台，这个平台借助的是网络，不仅仅是发布，还需要跟进、交流与反馈，而这种跟进、交流与反馈不但要及时、直接，而且形成了节目采编的一个有机组成部分。如传统电视新闻，节目播出后续一般是指新闻事件的进展，像台风过后，受灾群众的安置情况；投诉曝光后，商家如何回应处理等。第二点是反馈，反馈可以通过网络调查、转赞分享和模式测试来实施。网络调查，是了解受众对电视节目内容（核心事件）的关注度、态度、观点和总体评价，这种大数据的调查，能为电视台创作受众喜爱的节目提供科学参考。转赞分享，是基于网络、云储存，对电视节目稍纵即逝的劣势提供很好的弥补。视频、图片上传网络，电视节目内容存档后，受众可以进入网站进一步了解、回看、分享，进行二次（或多次）传播。模式测试，是针对电视节目制作形式而言的，类似于网络调查，比如节目可以设计A、B、C等多种制作方式（方案），通过测试，了解受众更喜欢哪种方式。笔者认为，还有一种测试可供参考：对于栏目类节目，确定选题后，可以通过学校网络（微信公众）平台发布，由师生或校园网络平台的粉丝投票决定哪些题材比较受师生关注，最后由票数的多少来决定节目的选题、制作或整体编排播出。目前央视已经在使用手机移动媒体的统计数据来不断调整电视节目内容、选题和编排。

综上所述，“媒体融合”不仅使高校电视台节目制作速度大大提高，也为节目制作带来新手段。同时，还构筑了另一个空间——虚拟世界、虚拟时空、虚拟人物、虚拟真实，给高校电视台节目制作带来了无限的想象空间。所以，当今新媒体环境下，高校电视台只有不断坚守电视主流媒体使命，不断强化主流意识；不断强化新技术、新业务的学习，努力提高适应新媒体要求的技术水平；认真研究媒体融合条件下的电视节目创作规律，不断探索创新，才能使高校电视台成功实现转型、华丽蜕变，使其焕发新活力，创造新辉煌。

参考文献：

［1］马歇尔·麦克卢汉．理解媒介：论人的延伸［M］．何道宽译．北京：商务印书馆，2009.

［2］丁晖．构建媒体融合发展新格局［N］．人民日报．

［3］韩振国．高校电视台建设我见［J］．西南交通大学学报（社会科学版）．

［4］史佳，王岩琴．电视节目多元化对当代大学生多样性需求的影响［J］．当代电视，2013（6）．

［5］丛家民．校园文化视域下高校校园电视台的建设研究［C］．东北师范大学．

［6］杜智盈．高校校园电视节目现状与发展对策研究［C］．浙江师范大学，2011（11）．

全媒介视域下高校电视台发展策略研究
——长春理工大学电视台的发展与思考

王明昕

全球化快速发展的今天，我们面临着较为复杂的社会形势及多元态的发展空间，意识形态工作的必要性再次成为人们关注的焦点。在媒介不断壮大的当下，高校作为党的理论传播阵地，也面临着新视域下的种种挑战。高校电视台一直被视为校园传播舆论的主要工具及载体，如何使之更好地传播信息、寻求突破具有较重要的意义。

一、长春理工大学电视台发展现状

长春理工大学电视台前身为长春理工大学有线电视中心，隶属校党委宣传部，主要负责校园及家属区的有线电视信号的维护，学校大型活动、会议摄影、摄像及资料整理等工作。本单位共有在职人员 6 名，分别承担有线电视维修、新闻摄影、电视台的日常工作。2014 年学校投入大量资金，对设备、演播室进行大范围的调整、更换，将标清设备全部升级为高清广播级清晰度。同年，正式更名为长春理工大学电视台，简称“CUSTV”。

目前，长春理工大学电视台将原有有线电视信号维修业务交出，将工作方向转为校园视频媒体的制作和播出。在学校的高度重视及大力投入下，先后建成了具有现代化设备的演播室及编辑室，拥有切换台、大洋工作站、媒体资源管理器等先进设备，同时也采购了一批如大疆如影、OMSO 等先进拍摄设备，具备了现代电视台广播级播出标准。

2015 年，经过 1 年的准备期和近半年的制作周期，长春理工大学电视台推出了《长春理工大学宣传片》。这部完全由学校自己制作的宣传片一经推出，就引起了强大反响，推出当周腾讯视频点击量突破 7.5 万人次。也正是这些积极的反馈，坚定了长春理工大学电视台未来的发展方向。

至今，长春理工大学电视台拥有常驻节目 4 档，分别为《理工新闻》《新视角》《玩转理工》《乐播快讯》；不定期播出的节目有《理工往事》。传播方式融合了校园电视及网络平台，通过校园大屏、官方微信公众平台、楼宇电视、视友网以及腾讯网传输节目。值得一提的是，多个栏目曾在视友杯中国高校电视奖评选中荣获二、三等奖，受众数量不断增加。

当然，长春理工大学电视台也存在一些发展困境，例如，受众学生群体获取信息的渠道相对多元化，部分节目受众少等问题。

长春理工大学电视台开播至今，离不开学生记者团的参与。长春理工大学电视台学生记者团由电视台工作人员作为培养教师，在学生培养的过程中强调实践，让学生用最快的方式成长并参与到电视台的运营中。当然，作为一所没有传媒相关专业的理工科大学，每一名学生记者都是零基础，从学习摄像机如何开关机，到最后可以拍摄独立的节目和专题片，学生的每一步成长都是来自指导老师的培养，同时也是学生对于自己兴趣的热爱。在长春理工大学电视台记者团中一直流传着这样一句话：“长春理工大学电视台，不止于热爱！”每个记者团的学生都把这句话作为在电视台学习工作的动力。

长春理工大学电视台不仅只是让学生作为电视台运营的主体，同时也关注学生的自身成长。同时，积极与主流媒体寻求合作，资源共享，共谋发展。与吉林教育电视台等社会媒体达成合作意向，使记者团中的优秀学生参与社会媒体工作，学生在实习中也受到好评。

二、长春理工大学电视台未来的发展策略研究

M. E. 麦库姆斯和唐纳德·肖认为，大众传播具有一种为公众设置“议事日程”的功能，传媒的新闻报道和信息传达活动以赋予各种“议题”不同程度的显著性的方式，影响着人们对周围世界的“大事”及其重要性的判断。因此，高校电视台作为高校的宣传载体，在发挥校园文化建设作用的过程中要牢牢把握社会主义核心价值观，不断用节目内容引导学生接受主流价值观，培养学生分辨信息的能力。

高校电视台是学校面对学生宣传的重要载体，校园文化建设中校园电视台是必不可少的媒介。近几年来，以互联网为载体的新媒体发展迅速，移动终端几乎是现阶段最强的媒体终端，这也给了校园电视媒体一次发展契机。高校电视台与其他校园媒体相比，具备视角更为直观，感染力、说服力更强的特点，是声画合一、视听结合的传播媒介，因此直观性强是高校电视台的特殊优势。同时在互联网的催化下，视频媒体是可视性、娱乐性及说服性最强的媒体。所以，高校电视台在高校宣传中具有举足轻重的地位。

作为高校电视台工作人员，笔者认为未来高校电视的发展不应朝着专业传统的电视媒体靠拢，而是应以互联网为传播方式，以网络视频媒体为模板，将电视台打造成新型的视频自媒体。通过网络，电视台推送的视频可以直达学生的移动终端，如果不断开发新型 APP 及微信平台功能，电视台的覆盖力就会更强，影响更大。

此外，校园直播也是电视台的一项重要功能。由于场地限制等原因，很多师生常常无缘到现场观看诸如文艺晚会、学术报告会之类的活动。但高校电视台可以通过网络电视直播技术将活动现场的画面和声音信号传输到电视台网站直播窗口，帮助更多的师生观看活动现场，通过弹幕、微信平台等方式实现与学生实时互动，在扩大影响力的同时，也满足了学生日常的精神需求。

同时，作为校园电视台，节目的质量是制约电视台发展的短板之一。由于高校电视台普遍存在着人员不足的情况，科班出身的又少之又少。因此，高校电视台的工作人员往往身兼多职，这也导致了节目制作速度慢，

质量不高。虽然发展学生记者是方法之一，但是学生的流动性往往较大，经过几年的锻炼，很多学生记者刚刚成为电视台的骨干力量，却又马上面临毕业。在电视台的发展中起不到决定性的作用。以长春理工大学电视台为例，目前6位工作人员，但人员分工不同，参与电视台播出与制作的只有3人，纯科班出身只有2人，人员的不足是未来电视台发展的瓶颈之一。举例来说，学校开办大型的活动，电视台如果要参与直播，切换台、摄像机、摇臂必不可少，但是这些设备只靠两三个人来实现搬运、操作、转播，几乎不可能。因此，高校电视台的发展只有不断纳入专业人才，在现有人员的配置上增加2～3名专业人员，这样节目的质量、业务的开展、学生的培养才能更有保证。

三、完善育人机制，有效提升学生记者水平

高校制度文化建设是实现育人功能的必要环节，可以为师生营造以人为本、专业严谨的制度氛围，提高学生团体的工作实效，推动高校媒介更好地发展。

1. 营造良好的文化滋养氛围

社团文化是一个社团主体最基本的精神动力，高校电视台的建设及发展，要充分利用此类文化的育人效力，营造温馨团结向上的育人氛围。可以通过校园内各种实践活动，进行素质拓展，提高整体团队的合作与团结意识，进一步体验“不止于热爱”这一理念。

2. 完善制度建设

无以规矩不成方圆，我们将在现有的管理体系基础之上，编制并印刷全新的《电视台学生记者工作手册》，进一步明确学生团队的工作范围、工作重点以及相关的各项规章制度，形成内容规范、规章合理且完善的管理体系，对学生团队进行规范化、制度化的管理。

3. 强化激励考核体系，有效提升团队的业务水准

以月份、季度或学期为期限，对团队的综合水平进行评估，坚持科学及量化的标准，采取互评和自评两种方式，在学习实践中找到自己的兴趣点及不足之处，进一步强化业务水平，使得参与到电视台建设之中的学生可以真正学到自己感兴趣的技能，让师生在工作之余，收获来自心灵上的互动与沟通。

非专业高校全媒体新闻人才培养模式的探索与实践

——浙江海洋大学电视台简介

王利明

随着互联网技术的发展和新型传播媒介的不断涌现，新闻与传播活动逐渐由专业的新闻机构和传媒公司延伸到政府机关和企事业单位等非专业机构。从网站到论坛、博客，再到微信、微博、APP，各级单位的外宣载体越来越丰富，外宣的主动性也越来越强。未来，只有讲得好故事的企业（单位），才能赢得社会的认可，所以，未来的成功企业（单位），必然是重视传播的企业（单位）。

与专业媒体机构不同，一般单位的外宣工作拥有的人力资源非常有限，而涉及的内容却很全面。承载能力超强的新媒体能满足图文影音等多种信息形式的传播，甚至具备了反馈互动的能力，所以，这些单位需要的传媒人才，并不是专业院校培养出来的专门人才，而是具有本行业背景和全媒体从业能力的复合型业余新闻人才。对这些人才的培养，依赖专业院校是不合理也不现实的。

一、业余全媒体新闻人才培养体系的系统构建

浙江海洋学院新闻中心自2006年起开始策划组建全媒体学生通讯员

组织，并于2007年正式挂牌成立了以“鸥讯社”命名的全省首家学生全媒体通讯社，逐步建立了以新闻理论培训为基础，报纸、网站、广播、电视、新媒体为实践平台的全媒体一体化人才培养模式。

1. 机构保障

鸥讯社成立初期设立了策划中心、采编中心、广播中心、视频中心、图片中心、网络中心共6大中心。后随自媒体的兴起，网络中心更名为自媒中心。

2. 理论引领

鸥讯社全媒体理论培训注重内外结合，既有校内教师开展系统的新闻业务理论授课，又经常性地邀请校外专家给学生授课、辅导。央视著名主持人敬一丹、中国青年报主编张坤、日本亚洲通讯社社长徐静波、舟山日报高级记者徐博龙等一大批专业人士出现在理论培训的讲台上。学校成功开设了《全媒体新闻实务》《微电影创作实践》《实用摄影》《口述史》等系列理论课程，并已列入公选课。

3. 实践搭台

依托校内各大新闻实践平台，鸥讯社学生记者开展了系统而持续的实践训练。校报每期发表大量鸥讯社学生采写的稿件；电视台每周6档自办节目，大部分依托学生完成；广播站每天1小时播音全部依托学生完成；“鸥讯社”微信公众号每天1个专题，大部分由学生自主完成。此外学校还与社会媒体广泛合作，设立了《舟山日报》学生记者站，舟山人民广播电台《海院新闻》专栏，“998海院直播室”等实践平台。

4. 活动育人

开展专项活动是提升学生全媒体从业能力的有效途径。鸥讯社主办的“校园主持人大赛”已历经12届，培养了一大批校园主持人，以及活动组织、策划、执行人才，并入选学校首批十大校园文化品牌；主办的

“手机文化节”“自媒体圆桌会”“电影文化节”等广受师生好评。与舟山电视台旅游频道联合摄制舟山首档大型旅游真人秀“阿拉哪活去”，让一批学生全程参与学习了专业影视制作的形式与方法。

5. 综合评价

欧讯社创立“新闻人才学院”，结合人才培养目标，制订培养计划和考评体系，开展理论学习和实践工作考核，对体系内的学生开展为期 3 年的系统评价，考核合格者授予结业证书。

二、业余全媒体新闻人才培养体系的模式创新

业余全媒体新闻人才培养体系是由学校独立提出，并在省内率先实施的创新型新闻人才培养模式，具有以下创新点。

1. 开放

该体系面向全校学生开放，不设专业限制，不搞区别对待，只要学生自愿参加，且能完成必要的培训、见习的就能成为该体系的一员。学生可通过统一招新或任意时间自荐加入，开放性极强。

2. 自主

加入该体系的同学能够充分自主的选择和设计自己的学习和实践内容。在加入初期，可以自主选择适合自己的中心，在日常工作中可以自主选择栏目、主题、内容，在学期中间还能自主选择岗位交流。在工作内容上参与学生也有很大的自主空间，特别是广播、电视、网络、自媒等平台，充分尊重学生的自主意识，给学生很大的施展才华的空间。

3. 流转

该体系要求参与学生内部流转，以学期为单位，定期交流到其他岗

位，学习和实践相关技能。同时鼓励学生一岗多职，任期内兼任其他岗位工作。通过流转和兼职，培养学生的多媒体甚至全媒体从业能力。

三、业余全媒体新闻人才培养体系的实践成果

8 年多的全媒体新闻人才培养实践，得到了校内外广泛的认可，也取得了良好的效果。

1. 深受学生欢迎

从启动至今，该体系一直坚持沿用“鸥讯社”品牌。经过多年建设，在校内外取得了良好的口碑，每年都有 300 ~ 500 名学生申请加入，其中不乏研究生和留学生。社内学生对团队忠诚、对工作热情，一大批学生直到毕业才离开。

2. 建立了完善的理论教育体系

该体系建立了一套独特的理论课程体系，内容涵盖新闻写作、语言表达与口才、普通话、礼仪、摄影摄像等内容，《全媒体新闻实务》等 4 门课程也相继成熟，被列入校级公共选修课，形成了覆盖全媒体工作流程的主干课程体系。

3. 建立了丰富的实践平台

体系依托自身优势，建立和融合了校报、广播站、电视台、新闻网、官方微博、官方微信等内外宣传平台。这些平台对学生充分开放，按岗招人，形成了平台与体系的高度依赖和融合。随着学生全媒体从业水平的不断提高，平台的内容质量也逐年上升。“鸥讯社”微信公众号在高校新媒体风云榜上，取得了 1 次全国周榜第一，2 次全国日榜第一，以及 18 次省榜第一的好成绩。

4. 学生在校期间取得了丰硕的实践成果

在开展全媒体实践的同时，鸥讯社学生积极参与科技、文体竞赛和创新创业等活动，取得了优异的成果。在学科竞赛方面，2014 年、2015 年连续 2 年取得全国挑战杯特等奖（金奖）。近 3 年共获得 A 类学科竞赛省级一等奖以上 5 项，特别是在浙江省大学生摄影竞赛中，连续两年以纪实类第一名的好成绩取得一等奖。在文体竞赛方面，学生利用课堂时间创作的微电影作品入围首届全国大学生微电影创作大赛，并受邀出席颁奖典礼。学生创作的摄影作品获得全国校报好新闻图片类一等奖和浙江省大学生艺术展演摄影竞赛二等奖等好成绩。在创新创业方面，陆续培育了 10 余支创业团队，其中早期培育的创业团队已经成功转型为实体企业，在舟山传媒行业占有举足轻重的地位。

5. 培养的人才受到社会肯定

经过该体系长期的培养，参与学生大多具备独立从事新闻传播活动的能力和特长，每年都有一批学生进入专业媒体、政府部门、企事业单位从事新闻相关工作，并获得好评。他们中，既有广播电视主持人、编导、摄影摄像，又有报社记者、编辑，但更多的是在企业从事全媒体新闻宣传工作。比如舟山电力系统近年来陆续在本级和县区组建新闻工作室，每个新组建的工作室都有鸥讯社培养的学生，因他们基本功扎实，全媒体视野开阔，广受用人单位领导好评。之后，该公司又一次性提出 8 个用人指标需求。

四、社会各界对模式的肯定

1. 专家肯定

不少来校交流的新闻传媒行业专家对该模式表示肯定和鼓励。原凤凰卫视董事局主席兼行政总裁刘长乐、著名作家余秋雨、央视著名主持人敬一丹、中国青年报总编张坤、亚洲新闻社社长徐静波等业内权威人士多次给予鸥讯员鼓励和支持。

2. 同行认可

创新型的新闻人才培养模式得到了省内高校同行的认可。在召开的以“校媒融合”为主题的全省高校校报年会上，学校受邀专题介绍了鸥讯社的模式和创新，得到与会高校人士的高度关注和好评。在日常工作中，嘉兴学院、湖州师范学院、绍兴文理学院、宁波职业技术学院等高校都以专题形式了解该模式的运作情况。

3. 媒体关注

创新型的人才培养模式也得到了社会媒体的高度关注。《浙江日报》2014 年 12 月 13 日三版头条大篇幅报道了鸥讯社主办的首届手机文化节活动；《浙江教育报》2016 年 2 月 22 日高教版以“‘鸥讯社’18 次位列省院校新媒体榜第一”为题，报道了鸥讯社全媒体新闻人才培养模式；《浙江科技金融时报》2016 年 5 月 23 日报道了鸥讯社主办的校园主持人大赛开发的实时评分系统；学校校报也多次报道了鸥讯社的相关模式。

新闻传媒产业的发展已经迈入了全媒体时代，社会对业余全媒体新闻人才的需求突飞猛进，建立面向全媒体的业余新闻人才培养模式，是高校为社会培养急需人才的成功尝试。

主动适应新媒体：中山大学电视台的10年转型

覃东骏

在中国教育电视领域，高校电视台是重要的组成部分并代表了校园电视台高水平节目的制作和传播。中山大学电视台成立于2003年，建台至今经历了中国电视标准的3次转换：由模拟到数字，由标清到高清，由电视播出到全媒体传播。在此过程中，中山大学电视台的经费投入、设备选型、播出平台、系统建设、节目策划、制作和播出等方面都体现了主动适应新媒体环境的转变。

一、标清数字制作与标清模拟播出阶段（2003—2008）

经费投入：2003年，由中山大学时任党委书记李延保批示，中山大学党委宣传部获得一次性专项经费160万元，在学校划拨的原电教中心弃用的150平方米演播室和60平方米制作机房按区县级电视台水平建设了中山大学电视台的数字标清节目制作和模拟标清播出系统。

设备选型：受经费限制，中山大学电视台在设备选型上把性价比摆在第一位：以SONY DVCAM为主要设备格式。包括SONY DSR390P 4讯道演播室摄像系统，奥维讯MPEG-25站点非编和2频道硬盘播出（模拟）一体化网，奥维讯3讯道SDI虚拟布景系统。学生记者新闻外拍设备以6台松下AG180MC为主，采用了DVCAM向下兼容的DV格式。设备的选型和搭配还是基于传统电视制作设备的思路。虚拟演播室的使用在当时略显超前，但是从实际使用情况来看，节约了成本，提升了场景搭建效率，增强了节目制作效果。

播出平台：历时半年的设备选型、论证与招标采购、环境装修，中山大学电视台于2004年5月正式开播。播出平台由广东省有线电视网络公司在校园范围内提供了2个模拟频道资源，分为教工频道和学生频道。频道信号24小时传送卫星地面站接收的国家地理频道信号源，硬盘播出系统每天分中午、下午和晚上3个时段共进行2个小时的自办节目自动插播。

指导思想：建台伊始，中山大学电视台的自我定位是中山大学党委宣传部直属的校内电视媒体单位。中山大学电视台的建设目标是逐渐完善电视的编、导、演、播等方面的人员队伍，逐步形成一定的规模和实力，建成一个编制精干、功能齐全、设备相对先进的校园电视台，满足学校宣传及教学的基本要求，争取成为中山大学的对内、对外宣传窗口。

职能定位：学校党委当时对中山大学电视台的基本职能要求是宣传、沟通与服务。宣传：在党委宣传部的统一部署下进行对内、对外的电视宣传报道，引领校内舆论导向；沟通：在把握学校整体舆论导向的同时，通过电视节目的形式让师生之间、师生与校方之间得到良好的沟通和互动；服务：中山大学电视台还要为学校教职员工提供精神文化娱乐以及为教学、科研部门提供电视多媒体专业服务。

管理机制：中山大学电视台的管理运行机制是在党委宣传部的直接指导下，在全校范围内公开招聘优秀学生参与勤工助学岗位，由在岗指导老师带领学生完成各项任务。

自办节目：在当时的指导思想下，中山大学电视台还没有跳出依样画葫芦的套路，全面模仿专业电视台进行了自办新闻和其他栏目、专题的制作与播出。建台当月开办了周播栏目5个。分别是新闻类《中大新闻》、评论类《校园观察》、求职类《锦绣前程》、访谈类《学海人生》、音乐娱乐类《点吧》。中山大学电视台对5个栏目做到了每周更新，周一到周五每晚有1个栏目更新。

播出效果：从实际播出效果上看，在当时的媒体环境下，师生对于自办节目的关注度与收看效果尚可。委托社会学系进行的收视率调查结果显示：60%的师生收看过自办节目，现场直播类节目收视率高达70%。时效性问题在当时已经凸显。尤其是《中大新闻》为周播节目，新闻不新，时效性差是一个很尴尬的事实。当时学校新闻中心已经开始建设了学校官网首页的新闻栏目并筹建中山大学新闻网。师生已经开始逐渐习惯从新闻网页获取信息。电视台网站的视频点播功能也得到了师生的欢迎。

现场直播业务：中山大学电视台开播的第一个节目是现场直播学校的歌手大赛。直播立台成为中山大学电视台创办之初就确立的方针。学校当时已经有广州南北东3个校区和珠海校区。中山大学电视台进行了大量的多机位现场直播，把校本部举办的高水平文艺演出和学术讲座传送到有线电视网络和网络电视平台，在校园文化建设方面得到了师生和领导的一致好评。在2004年校庆期间，进行了新闻直播尝试，即实现演播室直播当日新闻。2005年尝试了现场记者与演播室进行双向连线的直播节目制作。

网络化的转变：在进行了2年的有线电视播出后，2005年中山大学电视台将有线电视前端播出信号直接送往学校网络中心网络电视平台，实现了学校网络电视（因编解码滞后有线电视信号10秒左右）与有线电视同时播出。自办节目可以通过有线电视网络和PC机同时进行收看。2006年，中山大学电视台依托网络中心的服务器，建设了中山大学电视台网站，提供视频信号推送和节目下载点播等功能。2008年开始在土豆网建设视频播客，上传视频内容。通过线下的活动推广和校报、海报等传统校媒的宣传，电视台网站和土豆播客开始得到师生的关注。

人才培养：中山大学的新闻传播学院在广州大学城办学，并不在校本部。校电视台招收的学生记者来自于文、理、工等其他非新闻类专业。经过集中培训、全流程使用、帮传带模式的训练，少数学生掌握了扎实的实践基础和实操能力。5年间，有20余位学生毕业后进入了凤凰卫视、广东卫视等电视媒体，从事编导工作。

二、高清数字制作与标清数字播出阶段（2009—2012）

经费投入：2009年，中山大学党委宣传部承接了全校9853期口述史项目。中山大学电视台负责音视频采集。借此项目，中山大学使用专项经费60万元，全面更新了前期拍摄设备和后期制作非编设备。

设备选型：经过6年时间，2003年采购的摄像机和非编网的标清系统因使用频率较高等原因存在各种问题，已经无法正常使用。当时的各级电视台正在经历标清向高清的电视制式转换。因此中山大学电视台2010年采购了5套性价比较高的手持SONY EX1R高清摄像机用于新闻采集和多机位直播。2011年中山大学采购了5套苹果Mac Pro组成千兆局域网，采购正版FCP软件实现了前后期无带化高清流程。为了提升宣传片拍摄的画面质感和效果，中山大学电视台采购了SONY F3（PL卡口）全画幅摄像机，专门用于宣传片制作和《学海人生》栏目的人物访谈。

播出平台：伴随地方有线电视网的模拟信号到数字信号的转换，校园的有线电视播出系统由模拟标清双频道播出改为数字标清单频道播出。同时，在学校范围内实现了3个常用礼堂到播出机房的标清数字信号传输。2009年，中山大学电视台在充实土豆网播客内容基础上开办了优酷播客。2010年中山大学电视台加入视友网，注册了电视台的新浪微博公众号，开始利用微博这一新媒体方式推送电视台制作的自办视频节目。

因播出安全的要求，频道信号由24小时传送卫星地面站接收的国家地理频道信号源转换为电视台传送的央视地理频道，硬盘播出系统每天分中午、下午和晚上3个时段进行共2个小时的自办节目数字标清信号自动插播。

职能定位：中山大学电视台开始调整原来的宣传、沟通与服务3大职能。加强宣传与沟通职能，弱化服务职能。即围绕党委中心工作做好日常宣传和校级宣传片制作，策划新闻专题。中山大学电视台不再承担院系专题片制作和院系会议全程录像等服务性工作。

管理机制：中山大学电视台的管理运行机制是在充分使用学生助理

的基础上，结合学校的岗位政策，引进合同制工作人员，解决了人手不足的问题。

自办节目：经过6年的自办节目实践，中山大学电视台自办节目专业性、时效性、传播性均无法与专业电视台相提并论。从2009年起，中山大学电视台开始大幅度削减自办节目数量。新闻类仅保留《中大新闻》栏目，由一周一播改为一周两播。其他专栏仅保留《学海人生》访谈节目，由一月2期改为一周1期。增设了《中大FACEBOOK》节目，集中报道学生中的社会新闻类内容。

播出效果：中山大学电视台新闻类节目的时效性得到了加强，在重要的时段如开学季、校庆季、毕业季尝试了新闻日播。专门宣传老教授的《学海人生》栏目成为品牌节目。

现场直播业务：中山大学电视台坚持直播立台，充分认识直播凝聚人气、展现平台优势的重要性。除了重要校事活动的直播任务以外，电视台还积极主动联系各院系和学生社团，对一些内容好的学术讲座和学生活动进行免费的直播服务。通过直播，增强了电视台的影响力，也使校内各部门认识到了电视直播的宣传效果。

网络化的转变：2010年，广东有线电视实现了有线电视模拟信号逐步关停，全面数字信号播出。2011年，开始推广高清数字电视机顶盒。中山大学电视台继续进行高清节目制作，转数字标清信号在有线电视网播出。中山大学电视台继续保留了学校网络电视平台的同步播出信号。随着微博的兴起，我们把视频节目的推送中心逐渐转移到新媒体上来。在新媒体平台，我们上传的节目为全高清格式。新开通电视台的优酷视频播客，重要内容均通过学校官方微博对视频进行推送。

三、高清数字制作与新媒体发布阶段（2012至今）

经费投入：从2012年开始，中山大学电视台陆续通过日常办公费维持零星采购、申请小额一次性专项经费和请其他机关部处赞助的办法，累计投入 100 万元进行了设备的升级改造。

设备选型：在前后期设备基本实现了全高清的技术标准基础上，中山大学电视台进行了 4K 拍摄设备、航拍设备、稳定器、便携式箱载直播系统的建设。随着节目制作重心的转移以及经费的补充，设备逐步全面向 BMD 品牌转换。中山大学电视台采购了 4K BMD URSA 和 BMPC 摄影机，DJI 精灵、S1000 航拍无人机，BMD 1ME 高清切换直播系统等设备。紧紧跟随新技术的发展，及时掌握新设备的性能，并将新技术新设备应用到节目制作中。

播出平台：伴随地方有线电视网数字标清向高清的转变，升级高清播出系统成为迫切的需求。时任宣传部领导也从 2012 年开始多方筹措资金制订了高清播出系统的采购计划，后因故未能顺利实施。2014 年彻底关闭了有线电视播出平台。中山大学电视台进入了全面依靠网络平台传播节目的时代。自制节目传播途径有两方面：①为配合微信推送需要，将节目上传至腾讯视频；②依托视友网定制 H5 界面嵌入官方微信，将现场直播和视频回放功能集成在官方微信的栏目中。

职能定位：伴随着播出平台的改变，中山大学电视台的职能也逐步转变。记录重要校事活动、及时发布新媒体新闻视频、制作短片微电影、大力开展网络直播成为其主要职能。

管理机制：由于学生助理的工作积极性受学业负担、薪酬设计、素拓积分等多种因素的影响，学生记者队伍越来越难以打开工作局面。单纯依靠学生记者打开工作局面的做法已经难以实施。通过招收相关专业实习生补充节目制作团队、引进外包制作团队等成为解决人手不足的办法。

自办节目：随着新媒体的发展和壮大，电视媒体等传统平台的影响力逐渐下降，电视的开机率越来越低。高校师生逐渐改变了定时收看电视节目的习惯。通过手机、平板电脑等移动终端进行视频点播和收看成为主流趋势。在这样的媒体环境下，中山大学电视台彻底关停了原有的电视栏目，改为全面向学校官方微信提供新闻类视频内容。做到重要新闻当日剪辑上线，配合微信内容进行推送。根据网络视频传播特点，开始制作短视频、微电影、微讲座等便于网络再传播的视频内容。

播出效果：随着电视台的新闻视频成为学校官方微信的重要支撑内容，学校电视台的新闻视频影响力得到很大提升，尤其是当日新闻视频当日上网，解决了一直以来电视新闻时效性滞后的问题。官方微信的新闻推送不再只有新闻图片和文字内容，视频的嵌入也使得官方微信成为真正的融媒体平台。视频制作的内容与新闻文字和图片报道有意识错开，以展示其侧重点。视频的生动性和形象性有力地补充了微信的传统展示手段。

现场直播业务：现场直播一直是中山大学电视台重要的工作内容。通过整合学校新闻网、官方微信、官方微博，依托视友网的 H5 界面支持，电视直播从节目预告、直播、直播回放都实现了与新媒体的全流程贯通。电视观众从移动终端收看直播已经成为习惯。相比传统的有线电视收看、PC 端收看，移动终端的收看更具广泛性和扩散性。新媒体天然的互动功能更能直接反映观众的收视感受和反馈观众对直播节目的建议和诉求。

结语：回望中山大学电视台从 2004 年创办之初，全面模仿地方专业电视台到如今的播出平台转换、自办节目调整，不难发现这是一个传统电视平台逐步适应媒体环境转变的过程。

在社会层面，电视媒体已经开始走下曾经辉煌的高地，一枝独秀的局面已经一去不复返。电视行业已经明确提出向全媒体转变，走向媒体融合。作为教育电视行业重要组成部分的高校电视台应该主动适应新媒体环境的变化，主动开拓视频内容的传播途径和渠道。固守有线电视没有出路，走向新媒体才能发力和持久。固然内容为王，精品视频的策划和制作还是需要传统的工作模式和流程支撑，但从有效传播的层面看，是否能充分运用新媒体技术和平台进行节目传播决定了高校电视台的影响力大小。

运用“互联网 +”思维推进高校电视工作
——以厦门大学新闻中心为例

林小龙　黄伟彬

2015 年 3 月，李克强总理在政府工作报告中提出，制定“互联网 +”行动计划。据腾讯 CEO 马化腾的解读，“互联网 +”战略就是利用互联网的平台，利用信息通信技术，把互联网和包括传统行业在内的各行各业结合起来，在新的领域创造一种新的生态。

在互联网环境下，各种渠道纷纷涌现，海量信息迅速传播，冲击了电视这个传统媒体。但同时，我们也应该观察到，人们可能会减少在客厅看电视的时间，但却不会放弃看视频的乐趣。

本文以厦门大学新闻中心为例，结合近一两年的具体实践，探析如何运用“互联网 +”思维推进高校电视工作的开展，以及在内容和平台上所应采取的对策。

一、立足视频的声画特性，在海量信息中抢占独特优势

厦门大学新闻中心成立于 1997 年，从建台开播至今的《厦大新闻》，已制作近二十年，共计 800 余期。各类专题专栏存储录像带 700 多盒，数字光盘近千份。保存了大量珍贵的影像资料，包括国家主要领导人邓小

平、江泽民、习近平等来我校视察，翔安校区搬迁，孔子学院大会，陈嘉庚诞辰 140 周年，抗击台风等，是生动真实的不可复制的影像“校史”。

对学校重大事件的影像记录是我校新闻中心的核心资源和优势。在以往的电视传统播出平台，周播和日播是我们常用的播放时间段。但在互联网环境下，受众对信息的时效性要求更高，对观看的便利性要求提升。

2016 年 9 月 15 日凌晨，莫兰蒂台风登陆厦门。当天下午 3 点多，我们就推送了《莫兰蒂过后的厦大实景视频》，内容包括当天上午的校园实景拍摄，航空拍摄，以及凌晨风声音频，校园师生抗击台风的文字阐述，运用了多媒体呈现多角度的校园状况。视频播放量达 4 万多次。

互联网时代，传播迅速，信息海量，使得有些时候，时效比内容更重要。第一时间发布成为被关注的首要因素。在实际操作层面，视频处理需要一定的时间，而图文的表达方式总是最快的。但同时相比图文，视频有着其独特优势，其声音和画面所营造的代入感，是其他媒介不能够替代的。对于一些突发的重大事件，对内容进行简单化处理，反而更真实，更让人身临其境。所以即使是同一个题材，在图文第一波热潮之后，视频依然拥有其受众群。因此要平衡视频内容制作与发布时间，以达到影响最大化。

二、精心策划专题，创造受众喜闻乐见的内容和形式

我校新闻中心作为党委宣传部的下属部门，承担着引导思想舆论导向，丰富师生文化生活的职责。既要宣传主流价值观，又要让广大师生喜闻乐见。因此，我校新闻中心结合互联网时代下快节奏阅读，受众拥有更多选择权等特点，创新了栏目内容和形式。

互联网时代，传受双方处于平等地位，受众拥有充分的自主选择权。这就需要我们转变刻板的宣传思路，制作一些贴近观众、快速传播的视频。我们制作的《厦大影像志》系列视频，就是采用纪实类的手法，运用故事化的阐述，来挖掘普通人身上的闪光点。每期《厦大影像志》通常在

3 分钟左右，讲述一个人或者一个物的故事。不同于以往的节目大而全，而是追求小而精。通过一个个看似分散的故事和一段段情感，将社会主义核心价值观形象化、具体化，以观众更容易接受、更喜欢的方式，去传播厦大的正能量。许多厦大学子看过之后，在微博上直接留言，纷纷表达对母校的喜爱和眷念。一些专题不仅在校内被广泛转发，也被外媒纷纷转载。新闻中心通过内容本身的精致制作，将厦大的声音传播出去，实现了用小故事来树立大形象的传播效果。

互联网时代，权威被瓦解，平民话语地位彰显。这就需要我们引入更多的受众参与，用平等话语权的方式来隐性表达。我们开辟的《厦大快问》这档栏目，就是针对一些热门话题，随机进行街头采访，用受众本身的话语来搭建内容，在潜移默化中形成议题的引导。而《厦大快问》本身所特有的接地气、欢快风，结合话题本身的热度，以及受访者自身及周边朋友的关注，往往能形成一股转发热潮，在广大师生中颇有影响力，逐渐形成了栏目的品牌。现在《厦大快问》出去采访，路人都会说：“哦，这就是《厦大快问》啊？”也有一些忠实的粉丝说：“《厦大快问》我每一期都在跟。”有一期《厦大快问》曾达到 7.6 万次的播放量，在同时段全国高校微信排行榜中占首位。《中国青年报》对此这样评价：“此文在厦大校园中做了扎实的调查采访，有视频图文呈现，还有数据分析，当然也离不开网络语言的调侃，如此接地气的文章不火都难。”

三、了解互联网传播规律，打造基于互联网的传播渠道

2015 年 3 月，我校新闻中心开通厦大盒子微信公众号，作为新的传播渠道。该公众号不仅涵盖了图文声像多种形式的内容，更是结合互联网互动性强的特点，增设了线上互动。上线 3 天粉丝就破 5000 个，31 天时粉丝破 20000 个。平均单篇图文的阅读量在 5000 次以上。目前累计推送图文近百期，视频总播放量近 200 万次。

看电视的人在减少，但用手机看视频的人在增多。互联网的出现也为视频传播提供了新的渠道。总结这 2 年公众号的运营经验，发现信息的传播有着其可寻路径。

第一阶梯的影响范围是订阅号原有粉丝。据统计，有 5% ~ 10% 的粉丝会阅读订阅号推送的内容。吸引阅读的第一因素是标题。接地气，或带悬念，或独特，或与当下热点相关的标题，最容易引导大家阅读。

第二阶梯的影响力来自朋友圈的转发。从心理机制的角度来说，转发的动机有“这样的内容有打动到我”“我也是有跟上热点的”“快分享给大家看”。对于高校公众号来说，一般能从在校生扩展到广大校友群体，阅读量都能达到上万次。

第三阶梯的影响力传播在于其他媒体的转发。当内容被其他微信公众号转载时，就会进入下一轮的订阅号粉丝阅读、朋友圈转发。这样就从高校的话题，扩展成为全社会关注的热点。

四、向全球同步直播大型活动，提升高校电视的专业化程度和传播时效

在厦门大学 95 周年校庆期间，学校相继开展了多项大型活动，涵盖大会、讲座、音乐会、文艺表演等多种形式。我校新闻中心联合视友网，7 天内直播 8 场大型活动。其覆盖区域除了国内 30 多个省市自治区直辖市，还传播至美国、德国、日本、新加坡、新西兰、印度、沙特阿拉伯等 20 多个国家和地区，累计总播放量已超过 30 万次。同时，实时传输到思明校区的科学艺术中心、克立楼，以及翔安校区、漳州校区和马来西亚分校。

通过互联网平台，此次直播的信号传输至世界各地，受到了海内外校友的广泛点赞。在美国工作的 93 级经济学院黄学长这样说：“这次校庆不能回去好可惜，还好通过直播也能同步收看到母校的盛况。”对于一些热门讲座的直播，也可以让更多的人参与进来。网友 Melody 在直播页面

留言：“这下坐在宿舍里也能看易中天老师开讲啦！直播简直是没抢到票的同学的福音。”网友“黑白”则更直接：“这直播质量太赞了啊！流畅得毫无压力。为什么没有打赏功能？！”校友的积极反馈给了我们很大的信心。

此次校庆的主题是“厦门大学走进世界”，各项校庆活动的开展也有着丰富的国际化色彩。这些高大上活动的配套宣传更需要国际化。同步直播，就是直接跨越国家和地区，向全世界发出厦大声音的最好途径。

在互联网环境下，更多海量信息的涌现要求我们做出更好的内容，更加平等的话语表达要求我们更有技巧的宣传。互联网的到来，开拓了视频在内容制作和传播平台的思维角度。媒介发展史从来都不是互相取代的过程。拥有独特内容优势，能够触动人们情感的视频，有其永恒的生命力。技术、平台、载体或许一直在变化，但有立场、有温度、有品质的媒体，自然会赢得关注度，扩大影响力。

校园媒体播音主持探析
——以中国传媒大学电视台为例

向 笠

在中国高校的校园里，有一道虽不靓丽但不可或缺的风景——校园媒体，它不仅是学生了解学校动态、展示自我水平的平台，也是中国高校新闻传播、文化建设的重要载体；尤其是随着新媒体传播的不断发展，学校宣传部门以及电视台和电台与时俱进，一改以往固有的传统制作和传播形式，体现了自媒体、报纸、网站、宣传橱窗、户外广告、微信公众号等特征，相互渗透兼容、互动开展宣传，校园一体化的新型的宣传教育模式探索出了一条新路。有资料显示，截至 2016 年 5 月 30 日，全国高等学校共计 2879 所。其中，普通高等学校 2595 所（含独立学院 266 所），成人高等学校 284 所。基本每一所学校都设有宣传机构，有 400 多所高校设有电视台和电台，大批学生记者在这里进行栏目创意、文案策划、新闻采访、后期制作、播音主持实践等各方面的练习，在得到锻炼提高的同时也为将来走上社会工作岗位打下了很好的基础。

笔者在电视一线工作多年之后，回到母校中国传媒大学电视台任教，将电视一线的实践经验与学校教学相结合，以播音主持实训课为依托，理论联系实际，不断探索推进高校媒体的快速发展。下面以中国传媒大学电视台为例，结合开设的实践类公选课《电视播音主持实训》，对高校媒体的节目制作、播音主持等方面的经验进行探析。

一、播音主持实践教学为理论教学提供施展才华的舞台

播音主持作为技术含量、综合素质要求均较高的一门学科，实践教学是必不可少的一个重要环节。对于一名播音员主持人来说，从理论的学习到实践的应用需要一个漫长的摸索、练习到积累的过程，想一夜参透播音主持理论也是不现实的。但是每日研究学习一些理论是必要的，需要注意的是，如果死记硬背专业知识，照本宣科，脱离实践，这样的学习是永远无法取得长足进步的。播音主持专业的实践教学，如果要围绕媒体对播音主持人才的职业能力需求展开，就必须以充分的实践教学资源作为保证，而结合理论课开设的实践实训课程，则可有效建构理论和实践相结合的学习环节。

中国传媒大学电视台开设了系列的实训课程，比如《电视节目播音主持实训》公选课程，就是结合专题访谈栏目《广院故事》《书情画意》进行实践教学的。学生在学习了专业理论知识后，来到电视台这个实践舞台上进行训练展示，总是会有很多意想不到的收获。例如，在 2014 年秋季实训课中，学生录制《书情画意》节目，嘉宾是著名书画家纪清远先生，主持人是播音主持专业大二的李佳霖同学。当李佳霖拿到访谈策划文案时，还没有太多感受，但是当著名书画家、清朝大学士纪晓岚第六代传人纪清远先生坐在他对面时，他说，播音主持理论中的“对象感”瞬间就具体地呈现在他的面前。就这样，李佳霖在欣喜、兴奋中完成了此次访谈。走下演播台的李佳霖说：“老师，我终于知道什么是对象感了！”此时的他，已经真实地感受到了播音理论中对象感是怎么回事了。当然，如果没有之前的基础理论学习，即便是坐在演播台上与嘉宾面对面，主持人可能也不会有真实具体的感受。

由此可见，高校电视台的播音员主持工作跟专业电视台一样严肃、严谨，容不得半点虚假和马虎。播音员主持人要苦练播音主持基本功，要做到“张口”有功力，“闭口”有内涵；在主持节目时，主持人不仅主持词要熟练，要随时能应答，就是嘉宾在说话时，主持人也得能跟上嘉宾的

思路，全面掌控节目进程。不能总是想着下一句会是什么问题、该如何提问等，而让嘉宾只顾自谈自说。

二、大课带小课，学习采播编

目前，播音主持的专业课基本上是延续以往的授课方式，大课讲述理论，小课进行辅导训练。但是由于有些院校师资薄弱，专业小课难免形同虚设。还有的小课人数不断超标，使得小课教学变成了“大帮哄”。在有限的时间内，舞台只有一个，教师难以逐一辅导，这也是实训教学的一个瓶颈。所以因材施教、示范引导的“一对一”的实训教学模式，为播音主持专业学生的技能提高起到了很好的推动作用，而播音主持的理论教学也只有在播音主持实训中才能得以升华和提高。

播音主持专业是一个培养语言表达方面人才的专业，在专业培养上要投入很高的教育成本，教学上应该具备视、听、录、摄、演、控等全套播音实践设备。中国传媒大学电视台目前投入使用的演播室有三个，分别有 400 平方米、100 平方米、80 平方米，其中 100 平方米的演播室是高清 360 度全景演播室。目前在我国开设播音主持专业的学校有很多，但真正具备了视、听、录、摄、演、控等播音实验设备和场所的并不多。另外，设备设施条件具备后，其维修、维护、操作使用也是至关重要的环节。据了解，有的学校因怕设备损坏就减少学生的使用时间，宁可把设备束之高阁也不给学生有效使用，使学生的基本技能训练在学校里得不到应有的重视。实践环节的缺失或不足，势必造成学生动手实践能力的缺失。而在训练过程中，基本操作的主体是授课教师和学生，这也就对教师提出了更加严格的要求，老师不仅要懂得播音主持知识，还要学会广播电视设备使用的技术。

现在很多电视台分工明确，编导负责撰写文稿，记者负责编辑片子，播音员只负责播音主持配音，这似乎像是做好了饭，把饭菜摆在桌子上，播音员主持人直接来吃即可。至于饭是怎么做出来的，播音主持无须费心。所以很多人认为编、采、播过时了，播音主持专业的学生不用再学习这些技术活了。其实不然，在一线实际工作中，配音、录音工作是播音员主持人自己在非线上进行编辑操作的，演播室录制时如果摄像机机位过高，播音员主持人的图像就会显得很矮，仿佛蹲在坑中一样；而机位过低，播音员主持人的图像又会给人一种高高在上的感觉。这时就需要播音员主持人与摄像师密切配合，在演播台上找到自己最佳的机位。演播室的灯光也至关重要，发光、两肩轮廓光、面光、左右侧光等一个灯光没有打到位，图像质量就会有很大差别。

中央电视台主持人孙晓梅的图像质量、视觉感受相对来说总是最美、最干净、最舒服的，原因何在？因为她为人随和，而且深知播音员主持人的工作不是一个人能完成的，而是一个团体合作的结果，需要与摄像师、灯光师、调音师等各位协调好关系。播音员主持人坐在播音台上除了熟悉稿件内容之外，眼睛要时不时瞄一下现场监视器，要学会看到自己哪个部位存在缺陷，提醒各工种的工作人员进行调节；而这个“提醒”的方式也是播音主持人要学会的与人相处的方法。在众多电视节目中，有许多形象气质、专业才能都很不错的播音员主持人，但是在日常生活中，一张口说话就有一种盛气凌人的架势，其说话的语气、语言表达的方式方法也会让人感到不舒服，这样的处事方式会在不知不觉中得罪了为自己服务、为节目锦上添花的各位技术师傅，图像质量自然就可想而知了。俗话说：师傅领进门，修行在个人。对于播音主持来说不仅仅是掌握播音主持专业知识，更重要的是要学会做人。

三、播音主持实践教学要有正确的引导方向

“工欲善其事，必先利其器。”实践教学能够让学生了解和掌握技术层面的知识，为才艺的施展奠定了坚实的基础。目前很多学校利用暑期开设为期 20 天的夏季小学期实践教学，这一做法为没有走出校门的学生提供了一个熟悉社会的机会。短短 20 天的时间，学生全身心地投入到实践

中，第一周学习理论，第二周开始进行实践训练，第三、四周展示实践成果。“速度快、效果好”，这是参加过夏季小学期实践课的学生对其作出的评价。

小学期结束后，许多学生还会利用暑假社会实践开阔视野。而作为播音主持专业的学生，则要充分利用这一黄金时间，走进各级、各类电视台，其目的不仅仅是制播一档电视节目，更重要的是能将所学的理论知识更好地在实践中升华，对进一步了解社会、熟悉社会具有积极的作用，为将来就业打下坚实的基础。这种方法很接地气，值得进一步推广。学校也应该以此为突破口，为播音主持专业教学的创新与改革开辟一条崭新的道路。创建一种新的人才培养模式，要实现播音主持人才培养上的 4 个转变：教学资源从封闭向开放转变，学生从被动学习向主动创造转变，教学方式从模拟训练向置身实践转变，学生就业从等待挑选向主动选择转变。

四、播音主持的内功修炼

播音主持的内功，包含生理、心理、气质、学识等诸多方面。一位成功的播音主持，不仅要有良好的生理条件和心理素质，而且必须具备渊博的学识和超凡脱俗的气质。

1. 关于生理条件

除了音色、音质之外，还包括了体质、形象以及相关器官的健康程度。生理条件既有先天禀赋，也可通过后天加以弥补。在声音的品质方面，可以通过科学的训练加以提升，如西方的练声之法、佛道两家关于导引与内观的练气之法，都可以用于气声的修炼；在中国传媒大学出版社出版的《播音实用教程》中也编写了许多绕口令、口部操等，这些都是为学生每日练声、做早功而提供的素材。在器官的锻炼方面，肺活量、心脏供血能力以及舌头的灵活度，都可以通过适当的锻炼来实现。比如，深呼吸通过发音“嘿哈”来找气息，这个方法非常实用，很容易就能体会到胸腹联合式呼吸方法。如果一个播音主持的肺活量不够、心脏供血不足，讲话有气无力或者连续表达的能力受限，就会给工作带来不利影响。在正常新闻播报中，一般是 260 个字 / 分，加快速度也基本是在 280 个字 / 分。但是现在极个别电视台的主持人语速快到 500 个字 / 分，配合字幕除了几个熟悉的词汇能听出来，其他基本听不出主持人在说什么，这种现象不是社会主流所倡导的。同样，如果一个播音主持人的语速低于专业表达的要求，也必然无法胜任播音主持工作。气息是我们发声的动力，“气者音之帅也”。有了气息，人类的声音才能够震动，也才能够发出各种声响，这也就是“气动则声发”的基本原理。

2. 关于心理条件

对于播音主持来说，心理因素是非常重要的一道门槛。纵有满腹经纶，如果表达不出来，或者说表达的效果十分欠缺，就不是一位称职的播音主持人。针对心理素质而言，除了要具备强大的心理自信之外，还应格外关注可能造成心理紧张的其他因素，如准备不足、睡眠不佳、重要嘉宾到场等，都有可能出现怯场的现象。因此，对于播音主持人来说，心理素质的培育和修炼非常重要。尤其现在世界各国电视台甚至地方台，都采用直播方式进行新闻播报和节目主持，无论是在时政新闻播报和大型文艺晚会节目主持中，都是考验播音员主持人的心理素质的重要时刻。此时的播音员主持人，不能有丝毫松懈，思想精力必须高度集中，绝不能有一丝分心，否则会影响到节目播音主持的质量，尤其是与节目主持无关的手机等电子设备更不要带入演播室。曾经有一位新闻播音员在直播新闻时把手机放在裤兜里，手机虽然是在振动状态上，但是，当他正在口播新闻稿件时恰巧手机开始振动，呜呜的响声仿佛是一声声号角，在这位播音员的腿部不停地吹响，干扰了他的情绪，并且影响了他的新闻播报，导致连续出现错误，这种失误对于播音员主持人来说应该避免。

3. 关于气质条件

气质是指由内在的涵养所洋溢出来的风度和模样，是一个人综合素质的整体表现。从文化的视角来看，气质是中国古典哲学中所称的“象”，就是人通过内慧而体现出来的外秀。如气象、天象、世象、脉象等都是中国传统“象”思维的科学表达。因此，气质对于播音员主持人来说必不可少。要提升气质，不仅要提高素养、熟知礼仪，而且还要具备相应的生理条件。

4. 关于学识条件

学识包括两个方面：一是指立体综合的知识，即上知天文、下知地理、中知人文，博采自然科学和社会科学各方面的知识体系，这样才不会在主持节目时出现失误。这在大型公众活动自由访谈的节目中尤为重要。二是指专业的学识。播音主持是一门学问，必须练好基本功，深入学习研究具体的风格、方法和技巧。

时代万紫千红，生活丰富多彩；栏目层出不穷，节目花样翻新。实践教学是播音与主持专业教学的核心环节之一，只有正视实践教学资源方面存在的问题，并努力解决，才能紧跟时代步伐，寻找更加适合的教学方法，以满足广大学生的需求。也只有这样，才能培养出适应媒体需要、社会发展的合格的播音员、主持人。

参考文献：

［1］，中国传媒大学播音主持艺术学院．实用播音教程［M］．北京：中国传媒大学出版社．

［2］曾志华．电视节目主持人策划［M］．北京：中国传媒大学出版社，2016.

［3］陈振，杨浩．主持人驾驭艺术［M］．北京：中国广播电视出版社，2011.

［4］罗莉．电视播音主持艺术［M］．北京：北京广播学院出版社，2004.

［5］仲梓源．播音主持艺术入门训练手册［M］．北京：中国传媒大学出版社，2015.

说明：

本文部分内容选自中国传媒大学2016年8月出版的《大数据时代传媒教育研究》中《浅谈播音主持的实践教学》一文。

作者简介：

向志利：播音名向笠，中国传媒大学播音指导、南洋理工大学博士生。联系电话：13601206972；邮箱：19420345@qq.com。

高校电视事业发展之路与学生实践能力培养

——以北京师范大学校园电视台为例

李美仙

1958年5月，我国第一个电视台——北京电视台试播（1978年更名为中央电视台），拉开了我国电视行业发展的序幕。但与世界电视发达国家相比，中国电视事业起步仍较晚。

20世纪80年代末90年代初，有线电视网络初步建成，为高校电视台的创建提供了物质基础，而直接促成高校电视台创建的，是新时期高校新闻宣传的巨大需求。众所周知，高校校报等平面媒体产生的年代较早，在高校新闻宣传中一直处于重要地位。然而随着时代的进步，平面媒体已满足不了广大师生对信息的广泛需求。电视，作为居民生活中每天不可或缺的一部分，越来越发挥着重大的影响力，高校，特别是一些在校师生数量较大的名校，必然要调动一切可用的电视资源，使反映学校改革开放成就和校园生活的视频节目能深入到在校师生的生活中，成为他们生活中的重要组成部分。因此，高校电视台的创建，可以说是在新时期高校宣传工作不断发展中应运而生的一个必然产物。

北京师范大学电视台也是在此背景下，于1992年成立的。北京师范大学电视台从成立之初，就在以下几个方面发挥着重要作用。首先，围绕学校改革发展、教学、科研、师资队伍建设、国际交流合作、学生社团活动等制作新闻、专题等栏目播出，满足师生了解学校最新动态的需求。利用学校深厚的无形资产，挖掘学术泰斗们的治学方法、人格魅力，制作出人物专题片，激励后学。其次，保证学校有线电视传输网络线路的畅通、接收信号稳定。在条件许可时，接收一些如凤凰卫视、阳光卫视的节目，以吸引观众的观看。最后，我们积极与社会媒体合作，宣传学校取得的辉煌成就，树立了学校的良好形象，提升了学校社会的影响力。

北京师范大学电视台从成立之初就隶属于学校党委宣传部，随着高新技术日新月异的变化，其发展过程经历了以下几个阶段。

一、设备更新和覆盖范围扩展

1992—2003 年，新闻采编、制作、播出采用模拟标清设备，播出平台为学校家属区有线电视网络。

2003—2009 年，新闻采、编改用数字标清设备。其中，2003 年视频网站建立，在校园网上开通了“北京师范大学电视台”网页，打破了时间、空间限制，实现了随时点击、反复观看的目标，扩大了新闻宣传的覆盖面，提高了宣传效果。

2009 年至今，2009 年完成有线电视网络数字化改造，自办节目进入数字机顶盒时代，实现自办节目自动播出。

2013 年，实现自办节目在学生食堂播出，解决了学生看不到校内节目的问题。

2014 年，北京师范大学电视台建成全高清、全景式多媒体演播室，实现电视节目全高清采编、制作。开始使用新媒体，在微博、微信上同时推出自办节目，实现了节目在移动终端的播出。

目前，北京师范大学电视台已形成了有线电视网、学校新闻网络、学校官微、楼宇媒体屏幕等多终端、多媒体的播出平台。

二、节目内容变化

1992—1999 年，北京师范大学电视台主要负责学校重要活动的新闻采、编、播，每周播出 1 期，每期 5 条新闻。

2000—2009 年，除了新闻节目以外，推出了大量非固定播出栏目，如反映校园热点的《视点》、师生关注的《师大话题》、社会媒体报道的《媒体师大》、与生活相关的《信息播报》等。

2009 年至今，北京师范大学电台整合资源，推出了相对固定的 10 档栏目，即《师大新闻》《师大话题》《师大播报》《师大人物》（包括《名师面对面》《学者风采》《感动师大人物》等）、《聊吧》《飞乐国境线》《校园广角》《京师学堂》《希说历史》和《师大故事》，丰富了节目内容和表现形式，增加了播出时长，让栏目深入学生的生活，丰富他们的精神世界。

此外，北京师范大学电视台还制作完成了系列片《辉煌百年》院士篇、成就篇、情怀篇等；宣传汇报片，如党建汇报片《全面加强高校党的建设，打造校园一流软环境——首届全国高校党委书记论坛纪实》《凝聚人心　创新发展——北京师范大学党建和思想政治工作纪实》专题片、《辉煌 90 年党建》专题片等；“863”“973”项目、“211”工程汇报片《中国典型地物波谱数据库》《太旗野外站申报》《辉煌“十五”跨越发展》，本科迎评汇报片《木铎金声》等；校庆宣传片《迈向新世纪的北京师范大学》《百年名府　百年师大》《木铎金声——北京师范大学建校 110 周年》专题片等；在中国教育台播出的《教育家风采——陈垣》，在北京台播出的《智力资源献京华》、在中央电视台播出的《启功》《免费师范生》等一系列反映北京师范大学发展全貌的专题片、人物片，在内聚人心、外树形象方面发挥了重要作用。

三、人员队伍发展

北京师范大学电视台从最初的 1 个工作人员，发展到目前已拥有正式工作人员 6 人，全面负责学校各类活动的新闻宣传的摄影、摄像、后期制作及节目播出工作。

北京师范大学电视台学生记者团正式成立于2004年，至今已走过10余个年头。从最初的几个人，只能做做新闻，发展到现在成为一个集专业、兴趣于一体及组织架构（见图1）非常完整，活跃在学校各个新闻现场的有相当影响力的社团，人数最多时达到60多人。

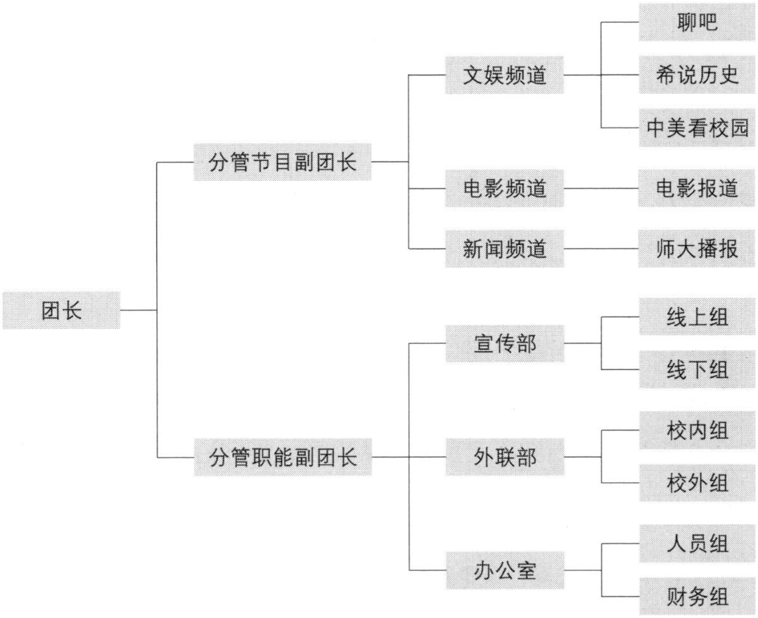

图1　2016年5月前的学生记者团组织架构

目前，为适应新媒体的发展，全面培养学生成为新形势下的宣传工作的多面手，我们对党委宣传部（新闻中心）的校报学生记者团、电视台学生记者团、《京师学人》刊物记者团、新闻网记者团、官微记者团进行了全方位的整合，精减人员，培养精兵，形成了一个职能交叉、融合使用、一人多能的宣传部大记者团新的组织架构，如图2所示。

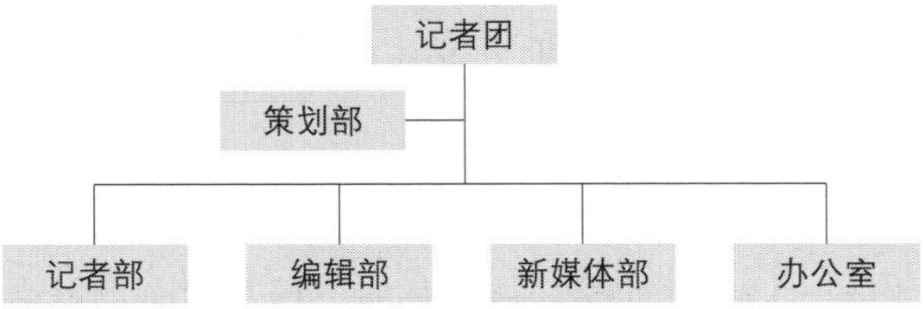

图2　全新的组织架构图

四、学生实践能力培养

经过长期的实践探索，我们对学生记者的培养形成了“以老带新、自我管理、教师指导”的发展建设总思路。在繁荣校园文化，加强学生素质教育，培养学生实践能力方面发挥了积极作用。通过在宣传部（新闻中心）的学习、实践、锻炼，我们尽量促成学生以下5个方面的成长。

1. 学习能力的成长

党的十八大报告中强调：“要完善终身教育体系，建设学习型社会。”在学习型社会中，学习不仅是一种可能，更是一种积极的需求，一种实际行动，人人都应当和必须通过持续的学习来实现“人生的真正价值”。我们非常重视对学生学习能力的培养，从他们进入记者团开始，就要求他们在老成员的带领下，在教师的指导下，自己学会掌握节目制作的每一个环节。如今，从节目策划到文案撰写，从现场拍摄到后期制作，从网络播出到微信播出的全部过程，学生都能独立完成，在实践中提高了学生的动手能力。

2. 沟通交流能力的提升

在信息全球化、地球村的开放时代，拥有良好的沟通交流能力、积极乐观的人生态度，可以更快地达成共鸣，节约时间，增进感情，提高效率。而电视则提供了天然的条件。在前期采访中，学生记者通过采访、主持等环节，与被采访嘉宾沟通、交流，锻炼了自己和他人沟通交流的能力。在后期制作中，策划、编导人员要与后期编辑人员、节目包装人员进行有效沟通，使他们明白自己的创作思路，了解自己的创作意图，剪辑出自己满意的作品。这些过程都能促进学生沟通交流能力的提高。

3. 团结协作能力的增强

现代社会是一个你中有我、我中有你，相互交融的社会，提倡协同创新、共同发展。而电视节目的制作为学生提供了很好的锻炼机会。电视节目制作是一个技术性很强的流水线式的过程，它包括前期构思创作、中期现场录制和后期编辑包装制作等工作流程，每一阶段又包含 3 ~ 7 个环节。这就要求参与人员要有团结的精神、协作的精神，一切以节目制作流程为出发点，齐心协力完成所有环节，才能保证节目高质量播出；否则，一个环节出问题，整个节目就前功尽弃。这些活动都能促进学生团结协作能力的增强。

4. 吃苦耐劳能力的培养

吃苦耐劳精神一直是我们民族提倡的美好品德，也是衡量一个人是否能够成功的重要品质。随着社会物质水平的提高，以“独生子女”为群体的这一代学生，吃苦耐劳精神似乎有所削弱。而电视节目制作的辛苦度很高，时效性很强，琐碎度很大。有时为了抢拍一条新闻，半夜三更就得起床；有时为了赶制一个节目，加班到日上三竿；有时为了一帧画面，翻遍所有素材……正是在长期制作节目的过程中，学生们养成了细致踏实的严谨作风，戒掉了懒惰、拖延的毛病，培养了吃苦耐劳的精神，为他们日后的学习生活打下了坚实的基础。

5. 创新思维能力的提升

变革是当今社会的主题，创新是信息时代对人才的要求。作为一名优秀人才，创新能力是其必备的素质。习近平总书记曾经强调：我国科技发展的方向就是创新、创新、再创新。实施创新驱动发展战略，最根本的是要增强自主创新能力。而电视具备培养学生创新思维的能力。首先，作为一门艺术创作活动，电视对策划能力和创新思维提出了很高的要求。纵观各电视台，一个品牌栏目的诞生，都有一支高素质、有创新想法的策划人员在背后支持。其次，由于人们观赏能力、欣赏水平的不断提高，节目的生命力也是短暂的，这就要求电视工作者要不断地创新，不断地出新作品。最后，电视台的新闻性特征对学生记者的新闻敏感性提出了很高的要求，而新闻敏感性要求学生记者能够在平时平淡的日常生活中发现有价值的新闻线索。这些对培养学生发现问题、创新思维能力都有很大帮助。

学生记者通过在学校电视台的锻炼，提高了审美情趣，增强了领悟能力，综合素质得到了全面提高，我们达到了“出作品、出人才、出影响”的“三出”目标。出作品——通过学生的策划、学生的创意，把学生的所思、所想、所虑用镜头、用画面生动地表现出来，制作师生喜闻乐见的电视作品；出人才——通过各种锻炼，涌现出了一批批优秀学生记者、编导、主持，在增强学生能力的同时，也为学生将来的就业增添一项技能；出影响——学生长期活跃在新闻宣传的第一线，关注学校，关注社会，制作出贴近生活、贴近基层、贴近实际的好作品，形成自己的品牌，使记者团成为在学生中有影响力的学生社团。

北京师范大学党委宣传部将不断地对学生进行全方位的业务能力提升培训，让他们充分掌握新闻宣传的理论基础，新闻采写的方式方法，摄影、摄像的技术以及电视节目编辑制作技术。可以期待，将来的北师大在新闻宣传的第一线会越来越多看到他们的身影，各个媒体平台上也会出现越来越多他们精彩的作品。他们是我们宣传工作的生力军，是我们的坚强支撑，我们要为下一代新闻人的培养提供更多切实的资源和平台。

北京师范大学党委宣传部（新闻中心）
电视台台长　副研究员　李美仙
联系方式：mxli99@sina.com
联系电话：18810509736

媒介融合背景下电视新闻宣传改革的思路与实践探索
——以华东师范大学电视台为例

董　生

一、传统校园电视新闻宣传的危机与困境

媒介融合主要是指传统媒体和新媒体此消彼长之后的共融共存。

传统电视新闻宣传是传统传播媒介下的产物。传播媒介主要是卫星及有线电视网络，传播的终端主要是电视机，用户更多的是被动地接受。用户互动性少，选择的自由度低。新媒体是最近9年多的时间里以互联网为平台迅速兴起的产物，它借助互联网的天生优势与特点，加之自己的创新磅礴而生。

传统校园电视新闻宣传，在节目内容上主要是电视新闻、电视专题片，领导电视讲话以及通知发布等，传统媒介主要依赖于有线电视网络，主要受众以教职员工为主。当时的环境下，受众信息来源较少，主要是广播、报纸和电视。电视凭借自己先天的优势，占据了第一媒体的位置。

然而，互联网的兴起，传播资源多样化、丰富化，海量信息和多向传播，多种传播手段的融合，使得传播速度快捷化、实时化，并且传播范围实现全球化。这一切变化直接冲击了传统媒体，导致电视用户数量迅速减少，传统电视新闻宣传收视率急剧下降。受众有了更多样化更及时的选

择，用户的互动性、参与性、自主选择性大大增强。这是人类历史发展过程中不可阻挡的潮流。传统电视新闻宣传走到了生存危机的边缘。

二、原因探析

传统电视新闻宣传步入困境的原因具体如下：

从内容上说，传统电视新闻仍然以独具中国特色的《新闻联播》为范本，无论是栏目包装风格，还是版块安排；无论是内容题材的选择，还是新闻采制的手法手段都是千篇一律。形式上，细节到演播室的装修装潢，主持人的坐姿、背景、片头片尾的高度雷同；内容上，更多是说教式、灌输式宣传，缺乏情感的投入与共鸣，缺乏深度与独家报道；手法手段上，采用传统的 EFP 模式居多，ENG 模式偏少，时效性低，拍摄的手法刻板。当然上述问题的出现，与我们的体制和机制有着不可分割的关系。但是，媒介融合下，新媒体异军突起，给了观众更多的选择与自由。

媒介融合背景下，需要什么样的电视新闻或者说需要什么样的视频新闻宣传产品呢？

（1）更新更快。

（2）更适合一对一传播，更适合小屏幕传播。

（3）更强的互动性、参与性。

（4）内容上更贴近真实生活，更富有情感的故事。

（5）传播方式，多媒介全媒体多样化。

（6）传播时效，及时，第一时间，直播。

（7）轻松化甚至娱乐化。人们看新闻的本质是为了获取信息，看新闻更多的是为了丰富生活，为了娱乐。

（8）电视（视频）新闻更多的是要发挥自身的优势特色。媒介融合背景下，电视新闻产品的竞争对手并不仅仅是新闻本身，更多的是和图片、视频等新的传播形式的竞争。因此必须充分发挥视频的天生特色，更好地把故事讲好。

三、改革思路与实践探索

基于上述的背景和原因，我们对电视新闻宣传进行了实践探索和改革。

1. 大胆打破原来的定期栏目制

原来，我台固定栏目为《华师新闻》，每周 1 期，每周五晚上 7：31 在自有频道播出，时长为 15 分钟。采用录播方式，以主持人口播导语加新闻整片为主，结构上由片头、片花、片尾组成；版块设置上，由时政新闻、社会民生新闻、文体新闻组成（见图 1）。

图 1 改版前的网站及新闻样式

改革后，首先打破定期播出的惯性。为了增强时效性，我们每条一播，并且规定，从新闻事件的发生到最终播出总时长不超过 24 小时。最快的时候，当新闻事件的当事人刚刚结束新闻事件活动，走到楼下大屏幕时候，就能够看到新闻对事件本身的报道。这样就使得新闻的时效性大大增强，比原有周播制度要快很多倍，改变了原来每周“旧闻”总结式播报的尴尬状态。

2. 内外并举，分类投放

改革的契机在于上海市有线电视数字化整体转换，全市启用机顶盒，我们的原有自办频道不能插入到社会频道中。因此在播出平台上，我们顺应时代的变化，采取多平台、全媒体传播的形式。将平台的重点转移到校内户外大屏、校园网和外网。校园电视新闻本身的特性决定了我们的新闻产品大多数受众是本校教职员工和在校学生。因此校内大屏是重要的传播阵地。另外一个无形效果是，大屏的即时播报增强了校园电视媒体工作的显示度，对于日渐边缘化的校园电视媒体而言，为日后争取更多关注和资源奠定了一定基础。

校园网和外网并重，同样是一项重要举措，二者各有利弊。校园网的优点是可控性强，终端服务器控制权掌握在本校手上，便于操作，上传和审核速度更快，缺点是不便于手机等其他终端传播分享，服务器的稳定性、视频播放的流畅性也受到种种条件的限制。

图 2　腾讯视频的官方网站

外网主要是各大视频网站，尤其以腾讯视频（见图 2）和优酷视频为主。外网的优点在于便于分享，尤其是微信和微博的扩散转发；服务器专业、强大、稳定、免维护；外网的缺点在于后台的不可控性，后台的审核播出甚至删除（如果所传新闻被采用）都不是自己能控制的，这样时效性有一定程度的降低，并且存在不能上传的风险。比如新闻标题里如果涉及国家领导人名字或者其他政治敏感词时便会千篇一律地拒绝上传，同时，外网每条新闻前都要播放广告，且广告的内容不定。这些广告的存在，一方面，增加了观众的等待时间；另一方面，有时候广告的内容会是暴力游戏甚至女性用品，这些与我们新闻播报的内容极不和谐，同时也严重影响了观感。但外网是不能不要的选择。外网和内网的优缺点正好相互弥补，因此需要齐头并进。

同时，要对不同平台按照特性分别投放。如，校园大屏幕以即时新闻这种实效性强的为主；对于互联网和新媒体平台，则要丰富化多样性，除了即时新闻，也会投放专题片、短片、微电影、宣传片，尤其是直播内容。

3. 打破传统，变革形式

原有《新闻联播》式的新闻形式，在我国长期普遍应用，尽管有了历史的经验积累，但是在媒介融合背景下，弊端渐显，因此我们对其在形式上进行了突破。为了适应更强的时效性和新平台，改变了原有《新闻联播》式新闻，抛弃了撰稿和演播室录音、配音环节。做好的新闻，不仅仅是由新闻画面、配乐、片尾学校 logo 构成，其中还包括字幕。原有电视新闻之所以制作过程缓慢，其中撰稿和审稿审片环节耗时长是主要原因之一，而大屏幕新闻（见图 3）和互联网新闻要求短平快，对配音要求不高，甚至为了保证场所的安静，大屏幕新闻还抵制配音。而大多数内网教职员工都是利用工作时间观看互联网视频新闻，并不方便听声音，因此标题字幕也能弥补配音的缺失。

图 3　即时新闻截图

4. “一鸡多吃”，深度定制

虽然上述即时新闻的做法起到了很好的效果，但是这种做法的一个明显的不足就是新闻报道的深度不够。因此我们在内容上，“一鸡多吃”，同一事件，多种报道方式，生产多维度产品（见图 4）。

图 4　改版后我台腾讯视频官方网站截图

针对同一事件，提前策划，制作出多种视频产品。如即时新闻、短片、现场实录片段、专题片、直播画面等。即时新闻，主要是为了增强时效性，迅速的广而告之。短片（见图 5）形式短小精悍，内容生动活泼，更为广大师生喜闻乐见，对摄制人员的素质要求相对较高，在创意和制作上都有非常高的要求，需要团队协作摄制。但是短片的传播效果较好，也便在于微信、微博等新媒体平台上传播、扩散，因此对于很多重大事件和校园生活等题材都会制作相应的短片。现场实录片段主要应用于重大活动和仪式，对于全程实录片（见图 6），要对关键环节进行剪辑并且适当包装。如每年的开学典礼，为了适应微信、微博图片、文字、视频多位一体的传播特点，我们仅仅截取校长讲话、教师代表讲话，学生代表讲话部分，简单的片头和片尾，加上字幕标版就可以迅速制作好并上传到网络。

图 5　短片

图 6　纪录片

虽然在内容和形式上我们进行了很多突破与创新，但是并没完全抛弃传统电视宣传的手段。专题片、宣传片和电视直播仍然在广泛应用。具体应用的程度主要取决于题材、传播目的和受众。

5. 快播与直播并重

值得一提的是，直播的大量规范应用大大地提升了传播速度。直播的好处不言自明。近年来技术设备的更新，使原来复杂的电视直播门槛大大降低。直播的成本和便捷性都大大提高。因此，对于一些热点及重大事件我们通常采取直播方式播出，尤其是重大活动和文艺演出活动。并且开通了微信直播通道，效果非常良好，传播的力度也大大增强。

直播当然是时效性最强的表现形式。因此遇到重大和关键节点性事件，在保证播出安全的前提下，尽可能多的将内容引入直播系统是非常好的选择。为此，我们也专门添置了1台无限传播工作站（见图7）。此工作站一机多能，融合导播台、调音台、编码器、录像机、字幕机、特效机等为一体，适合快节奏、轻量化、人手少的直播活动。

图7　直播系统的无线传播工作站

6. 规范管理，控制质量与成本

在成本控制上，这种即时新闻的快播方式节约了人力和物力成本，通常1名摄像即可解决整条新闻从拍摄到播出的全流程。不需要记者以及演播室录音和编辑主持人等人员。摄像记者自拍自剪，效率非常高。同时，也加快了审片的效率。由于仅仅有画面、字幕标题、音乐及片尾logo存在，需要审片的主要是画面和标题字幕。而这些，对于成熟的摄像毫无压力可言。

我们目前的做法让新闻质量更加可控，更便于规范化、模式化管理。每学期，我们针对新闻进行整体包装，主要是在字幕标版和配乐设计上，统一规范。针对不同题材的新闻画面拍摄，我们进行了量化要求。如会议新闻必须有足够的不同角度的全景镜头，主要出席领导，关键事件，中全景观众镜头等，一一具体量化。甚至编排的具体顺序也一一具体规定。通常以正面全景，或者标志性动作镜头如揭牌签约等开始，再接主要领导镜头，之后接节点性环节镜头，以侧面全景镜头或者观众中全景镜头收尾。在时长上，普通新闻控制在1分钟以内，重大新闻可适当突破。

7. 同期声大胆应用，反客为主

更多的引入现场的同期声也是我们新闻改革的一大重点。电视新闻本身的魅力更主要的在于真实、形象、直观。同期声在凸显这些功能方面，作用尤为明显。以前，新闻中同期声仅仅用作烘托氛围、渲染情绪，起辅助性作用。改革后，我们将同期声提到主导地位，在重大新闻中经常大量引用现场同期声。如，在重大典礼或者仪式新闻中，会把领导讲话的关键部分整篇直接剪辑到新闻中；再比如，某重大签约仪式新闻中，学校代表中有一段专门阐述签约意义的讲话，我们便剪辑到新闻中。这样，同期声不仅仅更好的取代了原有的配音，而且新闻本身变得更直观更权威更真实。因此同期声的突破和创新也是电视新闻宣传改革的一大重点。

综上所述，面对危机与困境，校园电视新闻的改革，并不是完全抛弃传统的流程与样式，而是在传统上突破且创新，与时俱进，不断与新趋势融合，创造出更加丰富、更加多样化、更加个性化、更加饱满且有张力的电视新闻产品，这样我们的电视新闻宣传之路才能越走越宽广！

关于电视媒介从业人员媒介生活的实证研究

张婵　金兆阳

当今社会媒介种类繁多。从报纸、广播到电视、网络，再到如今的新媒体，传统媒体与新媒体并行不悖，形成独特的文化景观。接触媒介、使用媒介已成为当代生活中的必备需求，而各类人群对媒介的使用也形成了各具特色的媒介生活。电视媒体从业人员作为能够近距离、长时间、高频度接触各类媒介的群体，其媒介生活必然迥异于普通受众，其媒介接触行为也可能会直接或间接地影响其日常工作的价值判断。所以，本文试图打破媒介中心主义，将人作为媒介生态中的主体，以电视媒体从业人员为研究对象，以问卷调查加实地访谈相结合的方法，描述其媒介生活状态。

本次调查持续 1 个月（2013 年 4 月 1 日—2013 年 4 月 30 日），采用随机抽样的方法，向山东省 80 名电视媒体从业者发放调研问卷，共回收 74 份问卷，回收率为 92.5%。参照问卷所得数据及实地访谈时所了解的信息，本研究试图解答以下问题：（1）测量电视媒体从业者对报纸、广播、电视、网络、新媒体等的接触时间及使用情况；（2）电视媒体从业者个体特征（如年龄、性别、受教育程度、从业年限等）是否对其媒介选择及使用有影响。

一、报纸接触行为

1. 是否阅读报纸与年龄呈正相关，与受教育程度呈负相关，而性别与专业对是否阅读报纸则没有太大影响

在有效样本中，有 5 人从不读报，其年龄在 20 ~ 30 岁之间；有 46 人表示偶尔阅读；而经常阅读报纸的则有 27 人。如图 1 所示，在阅读报纸的这部分人中，若将 20 ~ 30 岁设定为低年龄段，31 ~ 40 岁设定为中年龄段，41 ~ 50 岁设定为高年龄段，[①] 则具体情况为：低年龄段人群从不看报的占 12.82%，偶尔看报的占 61.54%，经常看报的仅占 25.64%。处于中年龄段的人普遍都阅读报纸，偶尔阅读的占 42.86%，经常阅读的则为 57.14%。而高年龄段的人则都习惯性地经常阅读报纸。年龄越大的人越习惯于读报纸，而年龄越小的人则越不习惯读报纸，这与当今报纸在高年龄段的人中接受率较高的情况相符。造成以上情况的主要原因在于：随着网络及新媒体的普及，越来越多的年轻人乐于通过网络媒体了解信息，而中老年人由于对网络等新型媒体的接受度较低，则仍习惯于通过传统的报纸阅读来了解信息。

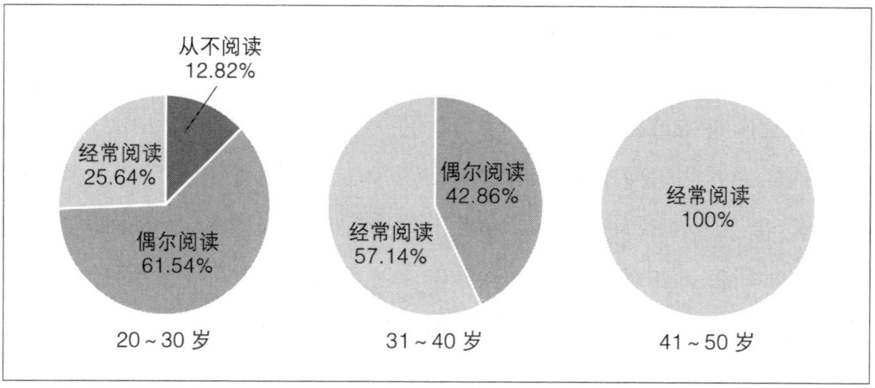

图 1　各个年龄的阅读人数统计图

① 本文对年龄的分段都将依照此处分段方法，将 20 ~ 30 岁称为“低年龄段”，31 ~ 40 岁称为“中年龄段”，41 ~ 50 岁称为“高年龄段”。

在有效样本中，被调查个体的学历分布在普通专科、大学本科和硕士研究生 3 个层次中。其中，阅读报纸的人群中，专科生比例达 100%，本科生比例为 93.44%，硕士研究生比例则为 92.31%。阅读报纸频率与受教育程度呈负相关，但总体相差不大。

2. 电视媒介从业人员更乐于阅读周报，且平均每周花费在阅读周报上的时间最长

（1）电视媒介从业人员平均每周花费在阅读周报上的时间为 56.33 分钟；对党报的接触频率最低，每周平均花费在阅读党报上的时间仅为 25.85 分钟；平均每天仅有不到 30 分钟的读报时间，如表 3 所示。本研究认为，周报、文摘报及专业报在每周平均阅读时间统计中占据前 3 位，且皆高于 45 分钟，造成上述情况的原因主要为：第一，考虑到周报、文摘报及专业报的出版周期及版面内容等因素，其版面数、文章字数、内容丰富度、文章深度及理解难度都普遍高于市民报及党报，因而需要花费更多的阅读时间。第二，从市民报及党报自身考虑，其刊登的文章大部分属于新闻类，从新闻文体本身性质来看，其更为短小精悍且易于理解，不需花费太多阅读时间。第三，面对媒体同质化倾向越发严重的现实，人们不再局限于信息的获取，而更注重独特的观点和专业的声音。在这方面，周报、文摘报及专业报具有先天优势。

表 1　平均每周阅读各类报纸的情况统计表（单位 / 人）

报纸类型 \ 时间（分钟）	从不阅读	1～30	31～60	61～120	121～180	181～240	241～300	平均阅读时间
周报	26	32	8	3	0	0	0	56.33
市民报	6	43	17	2	2	0	0	29.56
专业报	13	21	24	10	0	0	1	45.9
党报	2	32	17	7	9	0	2	25.85
文摘报	13	35	13	2	2	2	2	47.39

（2）电视媒介从业人员接触率最高的三类报刊为周报、市民报和专业报。在电视媒介从业人员接触各类报纸的频率方面，由高到低依次为：周报（3.65）、市民报（3.45）、专业报（2.3）、党报（1.9）、文摘报（1.88），如图 2 所示。

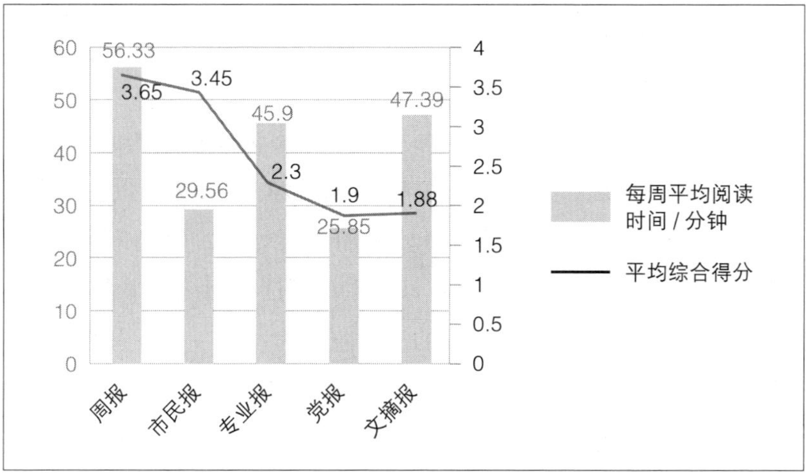

图 2　电视媒介从业人员阅读各类报纸的情况统计图

二、电视接触行为

在有效样本中，共有 73 人表示有看电视的习惯，仅有 1 人表示从不看电视，对电视媒介的接触率在电视从业者这一群体中达到 98.65%，平均每人每周有三四天会收看电视。

1. 电视媒体从业者中，女性看电视的时间比男性更长

经研究发现，男性从业者每周平均有 3.7 天收看电视，而女性则为 3.9 天。女性从业者平均每天看电视的时间要比男性从业者多约 18 分钟。如表 2 所示。

表 2 男女性电视媒体从业者每天看电视时间统计表

时间（分钟）/性别	0～30	31～60	61～120	121～180	181～240	241 以上	平均时长
男	9	18	9	0	0	2	60.78
女	6	12	9	6	2	0	79.27

2. 从业年限与收看电视时间呈负相关，且工作 5 年以下人群与 5 年以上人群相差悬殊

有效样本的从业年限基本集中在 5 年以下、5～10 年及 10～20 年这三个阶段。从各从业年限从业者收看电视平均时长统计表（如表 3 所示），可以看出：低工作年限的从业者平均每天收看电视的时间最长，超过 1 个小时；而中从业年限者及高从业年限者每天收看电视的时间不超过 20 分钟。

表 3 各从业年限从业者每天收看电视时间统计表

时长（分钟）/从业年限	1～30	31～60	61～120	121～180	181～240	241～300	平均时长
5 年以下	10	21	12	2	2	2	70.398
5～10 年	6	6	2	2	0	0	17.1837
10～20 年	0	2	4	2	0	0	15.3878

三、网络接触行为

1. 电视媒体从业者对网络的黏着度极高，97.30% 的从业者表示每天都要上网，且每人平均每天上网时间约为 3 小时 43 分钟

在调查中我们发现，在有效样本中，互联网的普及率高达 100%，全

部受访者都表示有上网经历，且其中的97.30%的人表示不一定每天看电视、看报纸、听广播，但一定是每天都要上网，仅有2人表示偶尔上网。所有人平均每天上网时间都多于30分钟，每天上网时间不到1小时的仅占4.05%，大部分都要高于1小时。

2. 电视媒体从业者对网络依赖度较高，且大部分人表现出不同程度的网络成瘾症状

在研究中，我们引入了“您能坚持多久不使用网络”这个问题，有36.11%的从业者表示他们坚持不到1天，能坚持1～2天的占38.89%，能坚持3～5天的则有13.89%，而能坚持一周的仅有8.33%，仅有1人表示能坚持不使用网络1个月。

网络成瘾（Internet addiction）可以被定义为“过度使用网络出现类似于临床的成瘾症状，包括沉迷于成瘾物，在非必要情况下频繁使用成瘾物，不考虑使用给身心造成的后果等”。[①] 为研究电视媒体从业人员对网络的依赖程度，本调查依据以上学术成果，同样引入5个维度——网络依赖、网络交际成瘾、信息超载成瘾、网络游戏成瘾及网络文明，并分别设定了相关问题，详细结果如表4所示。[②]

表4　电视媒体从业人员对网络的依赖程度统计表

维度	题目	经常	偶尔	从不
网络依赖	（1）使用电脑常常超出预定时间	69.44%	27.78%	2.78%
	（2）无法使用网络时会魂不守舍、烦躁不安，想尽办法上网	22.22%	50%	27.78%

① 沃纳·小赛弗林、詹姆斯·坦卡德，《传播理论：起源、方法与应用》，中国传媒大学出版社2006年版，第334页。

② 表4中部分数据相加不足100%，原因在于有部分从业者没有使用社交网站或不再使用社交网站。

续表

维度	题目	经常	偶尔	从不
网络交际成瘾	（1）花费大量时间在 QQ、微博、聊天室等进行人际交流	30.56%	63.89%	5.56%
	（2）更新日志、状态后，期待别人的关注	47.22%	38.89%	2.78%
	（3）急切渴望浏览他人即时更新的信息	36.11%	41.67%	11.11%
	（4）他人更新的任何信息，你都习惯性地回复	19.44%	41.67%	27.78%
信息超载成瘾	（1）忍不住地从网上收集各类学习信息或无关紧要的、不迫切需求的信息	30.56%	63.89%	5.56%
	（2）你是否曾分享某些文章或信息后，自己却从来不看	13.89%	50%	22.22%
	（3）你是否有信息厌烦症（如讨厌新闻、广告窗口弹出）	30.56%	52.78%	5.56%
网络游戏成瘾	（1）你是否将大量时间投入到各种网络互动升级游戏中	13.89%	27.78%	58.33%
	（2）你是否忙于抢车位、地盘争夺、偷菜等娱乐活动	8.33%	19.44%	61.11%
网络文明	（1）在网络聊天或发表自己的看法时使用不文明的语言或图片	11.11%	36.11%	52.78%
	（2）在聊天室或论坛中遇到其他网民使用脏话或带有人身攻击的语言	22.22%	44.44%	33.33%

四、广播接触行为

经统计发现，在电视媒体从业者中有 77.5% 的人有收听广播的行为。其中，有 70% 的人表示会偶尔收听广播，仅有 7.5% 的人表示会经常收听广播，广播在该行业人群中普及率较高。80.65% 的听众每次收听广播的时间在 30 分钟以下，19.35% 的人则在 0.5 ~ 1.0 小时之间。在电视媒体从业者中，每次收听广播的平均时间约为 20 分钟。在收听习惯方面，收听广播的这部分人群中有 77.4% 的人表示“平时没有固定喜欢的节目，随意收听”，仅有22.58%的人表示“有固定喜欢的节目，几乎定期收听”，他们普遍喜爱收听的为路况类、音乐类、新闻类及笑话类节目。

五、新媒体接触行为

1.手机新媒体成为电视媒体从业者获取信息的主要渠道之一

经统计，有效样本中，对手机功能使用的频率由高到低依次为：接听和拨打电话、手机上网、收发短信、拍摄照片、玩游戏、播放音乐和视频。手机的通信功能所占比重依旧较高，但其娱乐性开始逐渐凸显。电视媒体从业者获取信息最常用的三大渠道依次为：网络、手机、电视。手机名列第2位，成为名副其实的主要信息获取渠道。

2.手机阅读成为电视媒体从业者最主要的阅读方式之一，男性乐于阅读纸质书，而女性则更热衷于手机阅读

依据CNNIC于2012年12月发布的《中国网络文学用户调研报告》显示，手机成为网络文学用户的第二大阅读设备，使用台式机电脑和手机阅读网络文学的用户比例仅相差1.5%。① 在2011—2012年手机网民各类手机应用使用率排序中，手机网络文学占据第5位，② 在电视媒体从业者群体中，手机阅读和传统纸质书阅读成为电视媒体从业者最习惯的两种阅读方式，其中手机阅读拔得头筹，高于传统纸质书阅读（55.26%）10.53个百分点。

在访谈中笔者了解到，电视媒体从业者们之所以乐于选择电子书而非纸质书，其原因主要为以下几点：（1）电子书以电子文本形式存在，储存在手机里随时随地可以查看，更为便捷；（2）工作较忙，没时间看较大

① CNNIC.中国网络文学用户调研报告[J].2010（12）19.
② CNNIC.第31次中国互联网络发展统计报告[J].2013（1）41-42.

部头的纸质书，因而选择普遍为快餐阅读的电子书；（3）纸质书价格普遍较高，而电子书成本低，更为经济；（4）阅读电子书已成为一种潮流，很多人都是在身边朋友的影响下开始阅读电子书。

在阅读方式的选择上，性别有一定的影响。如图 3 所示，男性更偏爱阅读传统的纸质书籍，而女性则更热衷于手机阅读。在平均阅读量上，男性 8.2 本 / 年纸质书的年均阅读量略高于女性的 7.6 本 / 年，而女性在电子书的年均阅读量（9.3 本 / 年）则高于男性（6.9 本 / 年）。

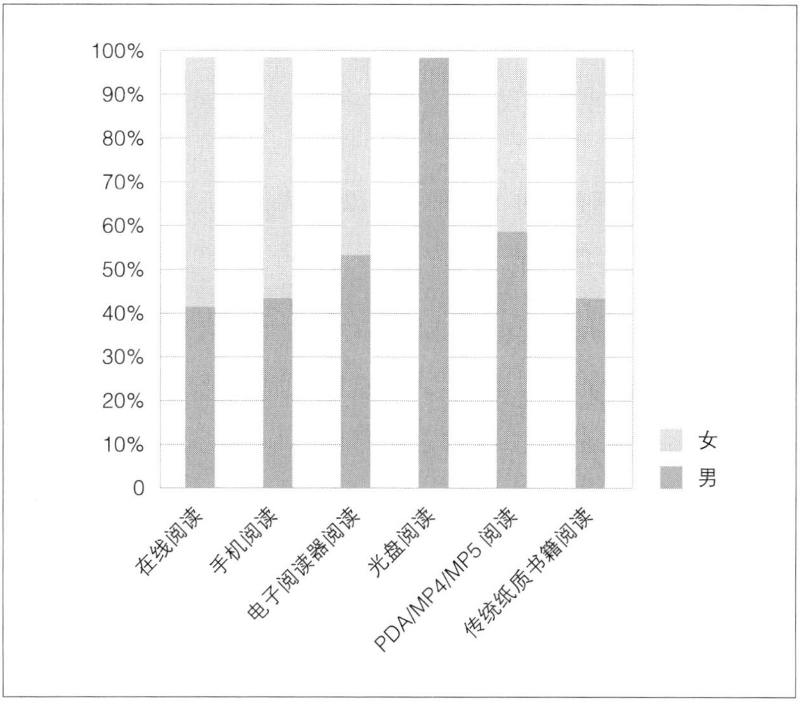

图 3　不同性别电视媒体从业者阅读方式统计图

从印刷媒体到电子媒体，再到时下以微博、SNS 为代表的社会化媒体，媒介技术的演变一次又一次地改写了人类的历史。媒介依赖与日常生活的媒介化逐渐成为当前社会的一种普遍现象，而当媒介作为一种“工具”时，也越来越成为日常生活本身的“组织者”。人们对媒介的依赖程度越高，个人的生活也就越媒介化。媒体从业人员作为接触媒介频率最高的人群，其媒介生活也展现出其独有的特色。

参考文献：

［1］马歇尔·麦克卢汉.《理解媒介：论人的延伸》［M］.何道宽译.北京：商务印书馆，2009.

［2］沃尔特·李普曼.《公众舆论》［M］.阎克文，江红译.上海：上海世纪出版集团，2006.

［3］约翰·奈斯比特.《大趋势》［M］.梅艳，姚综译.北京：中国社会科学出版社，1994.

［4］齐格蒙特·鲍曼.《流动的现代性》［M］.上海：上海三联书店，2002.

［5］罗以澄.《中国传媒人媒介认知研究》［J］.武汉大学学报（人文科学版），2009.

［6］中国互联网络信息中心（CNNIC）.中国互联网络发展状况统计报告［R］.2013.

［7］媒介360–中国媒介智库.中国移动互联网用户逾8亿［N］.人民日报·海外版.

［8］沃纳·赛佛林，小詹姆斯·坦卡特.《传播理论：起源、方法与应用》［M］.北京：华夏出版社，2006.

［9］陆晔，俞卫东.传媒人的媒介接触和使用行为——2002年上海新闻从业者调查报告之六［J］.新闻记者，2003（6）.

［10］郭庆光.传播学教程［M］.北京：中国人民大学出版社，2011.

［11］陈力丹.解析中国新闻传播学（2012）［M］.北京：中国人民大学出版社，2012.

［12］李丹丹.手机新媒体概论［M］.北京：中国电影出版社，2010.

［13］田青毅，张小琴.手机：个人移动多媒体［M］.北京：清华大学出版社，2009.

［14］中国互联网络信息中心（CNNIC）.中国网络文学用户调研报告［R］.2010（12）：19.

高校电视台非新闻专业学生记者的培养问题探讨

杨　鲜

高校电视台的新闻宣传工作对推动高校改革和发展有着不可替代的重要作用。国内主要高校目前一般都拥有自办的电视台或视频资讯的制作、传播机构。据调查，国内高校电视台虽然编制、规模各有千秋，但按功能大致可分为两类：一类是自身拥有新闻传媒类专业的高校电视台。这类电视台除完成本校的宣传任务之外，同时也是影视编导教学实践和人才培养基地，承担大量来自学校各院系的影视制作、播音主持等方面的培训工作，形成了一套行之有效的规章制度和管理办法，如北京大学电视台、中国传媒大学电视台、武汉大学电视台、大连理工大学电视台等。另一类是没有开设新闻传媒类专业的高校电视台，如武汉科技大学。这类高校电视台，设备相对简陋，功能相对单一，但在全国高校电视台中具有普遍性。

办台育人，高校电视台的新闻宣传工作是学校思想政治工作的重要组成部分，肩负着"培养什么人"和"怎样培养人"、"开展什么教育"和"怎样教育"的重要使命。因此，充分发挥大学生记者团在高校新闻宣传工作中的积极作用，既是党的新闻宣传工作的要求，也是进一步加强和改进大学生思想政治教育的重要举措。

培养学生记者、组建学生记者团是高校电视台的一个突出特点。学生记者在学校电视台承担着摄像、新闻稿撰写、配音和非线性剪辑任务，对其自身的业务水平要求较高。对于非新闻专业的学生记者，如何才能把他们塑造成能够适应高校宣传工作要求的电视新闻记者呢？在此，笔者结合自身近20年的媒体实战经历和高校育人实践，浅谈以下几点。

一、学生记者团存在的问题及原因

1.“虎头蛇尾”现象较为严重

在每年9月的社团招新工作中，新生对素有“群英会”之称的电视台大学生记者团似乎格外青睐，纷纷要求加入并且一路上也是“过五关、斩六将”。一开始，大家还能够积极参与记者团的活动，但随着培训工作的深入以及给予一定的工作任务后，很多学生就不能继续坚持，对学生记者的身份也渐失新鲜感，有些甚至自行退台，能坚持到最后的寥寥无几。

众所周知，记者承担着新闻工作的核心环节——新闻采集、制作、传播，这种采、编、播三位一体的工作模式所要求的职业素养几乎涵盖了新闻素质的全部核心内容。由于非新闻专业的学生记者只是传媒事业的爱好者，没有受过正规的新闻专业培训，对新闻的规律并不熟悉，往往缺乏“新闻人”意识。有些人文笔好，但新闻敏感性差；有些人普通话标准，音质不错，但台风不好；有些人上镜形象气质佳，但临场应变能力较弱。

2.人才可持续发展面临尴尬境地

大部分学生记者是在大一时进入电视台的，经过一到两年的学习，业务水平成熟，逐渐承担起学生记者团的主要工作。但此时他们已接近大四，面临就业、考研等多方面的压力，因此，电视台的担子很快又移交给新人。新记者又必须经历一个水平由低到高发展的过程。尽管学生个人水平得到不断提高，但电视台整体水平却原地踏步，反映在节目制作的水平上，给人的印象就是“学生记者拍不出高水平的节目”，这将不利于学生记者团的建设。

3. 节目制作难上档次

学生记者经过培训，基本上能上手剪辑视频新闻，但前期采访中却存在很多问题。如拍摄的画面清晰度不高、构图有问题、平衡调节错误、焦距不清、漏拍关键场面或重要领导等。即使是熟手，有时也会犯低级错误，给后期制作带来相当大的难度。后期的问题则集中体现在新闻稿写作不规范、视频剪辑思路混乱、画面语言应用不到位。造成这种状况的原因是多方面的，例如，拍摄经验太少，不熟悉采访环境，不熟悉摄像设备，难免顾此失彼；不熟悉学校领导，造成漏拍；新闻写作经验少。

4. 任务不均衡　奉献精神差

在新闻实践中，有的同学一周要拍 4 ~ 5 条新闻，而有的同学一个月才拍 1 ~ 2 条新闻，这种不均衡的状态不利于队伍整体素质的提高。造成这种现象有主客观两方面原因：客观原因是上课与拍摄时间冲突；主观原因是有些学生记者缺乏奉献精神。学生记者团几乎没有物质报酬，经常牺牲晚上、周末休息时间去采访。

二、提高学生记者团质量的方式

电视台的专职指导教师自身拥有新闻学、传播学、广播电视技术等方面的专业背景，以及丰富的电视工作经验，对于学生记者的培养具有不可推卸的责任和义务。在实际工作中，我是这样来指导学生的。

1. 以转变培养理念为根本

以前，我是先教学生摄像机、三脚架的基本操作方法，然后就放手让学生去拍，但他们拍出来的画面往往不规范，甚至是废镜头。后期剪辑也逻辑不清。那么，如何才能更好地培养学生记者？仅仅是让他们给教师当帮手，还是按新闻专业学生的要求对他们严格训练？要不要有一个循序渐进的科学培养体系？这些问题值得深思。我认为：首先，对学生记者要有正确的定位，让学生记者从帮手变成主人翁。进入这个团队的学生，绝大多数人是热爱传媒业的，只是因为种种原因没有就读新闻传媒院校。我们正好让他们在校园电视台重拾最初的理想。对学生记者的培训要从单纯传授技艺转变为打造准专业人才。我们知道，新闻专业的学生要在 4 年内系统学习电视摄像、播音主持、新闻采写、非线性编辑等专业知识和技能，培养方向是专业全能型的通才，对他们的培养强调一个“广”字。而对于非新闻专业的学生记者，由于时间、硬件所限，则着重培养 1 ~ 2 项专项技能，讲究一个“深”字。他们将来不一定进入媒体工作，但可以进行“泛媒体就业”，即进入与新闻传播专业相关的非传媒单位工作。比如，进入企业从事广告策划、文化传播等工作。

2. 以长效培养机制为重点

任何一门技术都得常学常用，熟能生巧。摄像、后期剪辑、播音主持等更是如此。以摄像为例，如果指导教师只是教授学生如何去拍摄后就放手让学生去拍，拍 10 次可能就会犯 10 次同样的错误，出现这种现象的关键是指导教师遗漏了点评环节。在实践中，我尝试着把新闻采访现场转变成新闻课堂，现场讲解，一一指导，以审片加点评相结合的方式，有计划有目标地培训，取得了良好的效果。

从 2012 年开始，我对摄像记者采取了“理论培训 + 实践操作 + 点评”的培训模式。文字编辑、播音员和主持人都参照这个模式培训。

新人招进来后，首先由记者团学生负责人为其安排摄像和非线性编辑的基础培训课，我称其为“新闻扫盲”。经过一个学期的培训，大部分学生记者已经有了理论基础，可以进入实践操作环节，再由我亲自带着学生采访，一对一当面指导。每次采访前，我简明介绍摄像机基本原理、镜头构成、视频语言与镜头组合、摄像机操作基本要领以及剪辑视频的标准等。推、拉、摇、移，从远景到近景，从静止镜头到运动镜头，务求每个镜头都规范。拍完之后逐一点评。“真枪实弹”上场，历练实战技巧。教师拍摄校园新闻时，带上学生记者，让他们实战演练，可以发现问题及时纠正，加深记忆，避免他们以后单独拍摄时犯同样的错误。等到学生的操作技术基本熟练后，再逐步放手让其独立拍摄。这之后，教师要做的就是经常点评其作品，并将点评制度化。让学生记者观看教师是如何拍片的，是如何制作新闻的，然后再让他们自己动手拍摄、自己剪辑，让他们深刻认识到前期拍摄时一定要融入后期编辑意识。

3. 关心每位团员，加强记者团成员思想建设

思想政治教育“小喇叭”要常吹，要时刻提醒学生不要一时疏忽把经念歪，要时刻注意提高学生记者团成员的政治素养。记者编辑的政治责任感如何，直接关系着舆论引导的正确性。因此，指导教师要严格要求学生记者坚持正确的政治方向，加强对其政治素养的培养，不断提高他们的政治思想水平。

教师还要经常了解每个学生记者的工作量，多关心他们的生活和学习，注意保护他们工作的积极性，对于其遇到的挫折以正面鼓励为主，积极帮助其解决困难。经常询问他们的课程是否紧张，毕竟学习是大学生第一要务。校电视台给学生记者安排的工作量要合情合理。

4. 建立科学的奖惩制度

武汉科技大学电视台有一套科学的奖惩制度，每周一次例会，评出最佳个人、最佳小组和最佳作品。对表现突出的同学进行表扬鼓励，并告知其所在院系领导，年终评选优秀学生记者。在工作中，积极引导学生记者自觉维护这种电视台记者团的荣誉感，树立责任意识。

5. 以完善团队建设为目标

因电视台专职教师还兼顾其他行政工作，无法投入太多时间和精力来培养学生记者。比如像我，不仅要负责管理学校电视台还要兼顾广播台、校报、对外宣传报道、外媒接待以及教学铃声。因此，对于非新闻专业的学生记者培养，要抓重点、抓主干。科学的做法是：每年招新一定要确保每个年级、若干学院都有学生记者分布；营造团结互助，敢担重任，

精诚团结的工作氛围，鼓励学生记者互相交流学习；大胆启用新记者中德才兼备的学生，经常委以重任，重点培养。

6. 创新工作思路，知识沙龙常开

一名优秀的学生记者必须要有广博的知识面和过硬的业务技能。指导教师每学期可有计划地邀请外媒编辑、记者走进校园，为同学们举办新闻采写、摄像、编辑方面的专题讲座。让学生记者对新闻理论知识有一定的理解，掌握一定的新闻写作技巧，培养新闻敏感性和新闻道德，逐渐形成“新闻人”的意识。利用寒暑假，送学生骨干到武汉市各大媒体去实习锻炼。

我专门建立了武汉科技大学电视台学生 QQ 群，微信群。在群里，我经常为学生点评作品，也及时地把专业知识和优秀的视频作品传到群里，供同学们学习。还购置一些专业书籍，供学生自学，开列学习书单和必看视频，让他们去图书馆借阅学习。利用各种赛事和晚会推举优秀人才，让他们在比赛中得到锻炼，在获奖中找到自信。2008 年来，我台有多名学生记者参加学校的“沁湖诗会”和微电影大赛并获奖。每年，我都会鼓励学生记者参加全国、全省和武汉市的各类微视频大赛，不管是否获奖，学生都可在各种比赛中得到历练。

学生记者这支生力军，对高校宣传思想工作具有有力的推动作用。在实际工作中，如果对他们进行科学的指导和培训，不仅可以缓解高校宣传工作量大、人员少的问题，还可以提高宣传工作的时效性、创新性，在师生中创造出一种“双赢”的局面。

基于职业发展需求的双语播音主持专业学生人文素养的培养探讨
———以四川电影电视学院为例

仪　雪

在全球化语境下，我国各省市电台、电视台都开办了“双语节目”，从而为双语播音主持人提供了展现双语功能的平台。除电视媒体外，随着大型国际体育赛事、会议、论坛在中国的举办，以及跨国商业活动的主持都倾向于邀请双语主持人担任，因此，双语播音主持人的市场前景广阔，双语播音主持也是一个极具特色、前途无限的学科。而如何培养出受市场欢迎、受大众青睐的双语播音主持人是很多高校双语播音主持教师研究的方向。四川电影电视学院的双语播音主持专业有着多年的办学经验，培养出了凤凰卫视黄橙子、《奇葩说》肖骁著名主持人等，因此，在双语播音主持专业人员培养上有很多值得其他高校借鉴的范本。本文基于职业发展需求的角度，剖析了双语播音主持的人文素养与职业发展需求的关系，调查分析了我院和其他的双语播音主持专业学生人文素养培养的现状，提出了契合职业发展需求培养双语播音主持专业学生人文素养的策略和路径。

一、人文素养与职业发展需求

当今，人才竞争日趋激烈，人才的竞争归根结底是人才综合素质的竞争。世界各国越来越重视人文教育，以提高人才的竞争力。科技突飞猛进，媒体的发展也是日新月异，市场需要有适应性并懂得配合的从业者，对于双语播音主持人的要求也不单单是简单的汉语、英语流利，因为仅仅依靠单一的技能无法满足市场对双语播音主持学生的要求。致力于研究双语播音主持专业学生培养的高校，必须认真研究和培养与职业对接的技能型人才，配合职业发展对从业者的需求，在培养学生技能的同时也要培养学生的人文素养，从而培养出真正符合市场需求的人才。

二、双语播音主持专业学生的人文素养现状——存在的问题与不足

播音主持学科属于艺术学领域，录取的学生大都是艺术生，因此，该专业学生的文化成绩并不是很高，但是在双语播音主持专业学生的入学测试中，各个高校都会进行英语的测试，这是该专业的基本要求。在进行英语笔试和口试中，很多学生的英语无法达到普通文理科学生的水平。为了进一步调查双语播音主持专业学生的人文素养现状，笔者以四川电影电视学院双语播音主持专业学生为例，通过学生问卷调查和教师访谈的方法，了解该学校双语播音主持专业学生的人文素养现状、学生对人文素养教育的态度与需求等。通过调查研究发现学生存在职业人文素养欠缺、学校人才培养目标偏离以及人文课程设置不足、学科教师教学过程中人文教育渗透教学缺乏有效性等现状。

三、契合职业发展需求培养双语播音主持专业学生人文素养的途径

结合收集到的数据资料和相关的教育政策与四川电影电视学院多年来的双语播音主持办学经验，笔者总结出，双语主持专业应该实施可持续发展人才培养的策略、提升教师人文素养水平和完善学校人文课程建设、

加强校园文化渗透以及培养学生综合能力等举措。

1. 实施可持续发展人才培养的策略

对于双语播音主持专业的学生，高校的培养目标不能局限于眼前利益，只强调技能技术的培养，而忽视对学生人文素养的培养。必须从长远发展看待学生的人文素养培养。从双语播音专业学生的人才培养目标设置、课程标准制订、课程考核标准等各个方面加强对该专业人文素养培养，制订实施可持续发展人才培养的长期目标。

2. 提升教师人文素养水平

双语播音主持专业教师人文素养的高低直接影响该专业学生人文素养的培养。目前，该专业大部分教师来自播音主持专业，专业素质较高，但缺乏一定的外语基础和外语修养，只能讲授语音基础、播音和主持等课程，无法渗透双语教学。而英语教师又缺乏一定的播音主持的技巧训练，只能传授英语知识。因此，双语播音主持专业教师不但要注重自身技能技术培训，对自身人文素养的培养也不能忽视，特别是英语和汉语两种语言的转换，对中西两种文化的研究。此外，学校还要提高人文教育教师的地位，加大双语播音主持专业学生人文素养课程体系设置。四川电影电视学院双语播音主持专业的教师很多都是既有英语语言教学的背景，又经历过专业的培训。开展的《英语思维》课程旨在帮助学生用英语的思维思考和理解，更好地进行中英双语的交替主持。该课程教师由曾经在哈佛大学就读，目前专门教授英语口语的教师担任。此外，《英语演讲》《英美文化》《英语播音与主持》等课程多年来一直由来自美国、英国的教师担任。

3. 校园文化渗透人文素养教育

仅仅依靠课堂无法达到对学生人文素养培养的目标和要求，课外活动以及校园文化是补充人文素养的一个有效平台。校园文化包罗万象，不仅要注重学生的道德感、价值观念和审美艺术感的养成，更要注重培养双语播音主持专业学生健全的人文素质。学校可以通过举办英语演讲比赛、英语汇报、英语节目主持人大赛、一站到底——知识竞赛、辩论赛、外语文化节等，或者邀请专家举办人文讲座、人文艺术节，来扩展学生视野，渗透人文素养教育。四川电影电视学院每年都要举行“英语播音与英语电影配音大赛”“英语演讲比赛”“英语口语汇报”，这些活动实质上都是给双语播音主持专业的学生提供展现自己英语水平和锻炼专业能力的平台。很多曾经在这个舞台上获奖的学生，现在有的成长为经验丰富的双语播音主持人，比如 2008 级王骥远曾主持 2016 年世界超模大赛全球总决赛，“感官世界，尽在四川”四川旅游宣传广告（英文）；2012 级叶桐主持巴西前足球巨星罗纳尔多在绵阳召开的罗纳尔多国际足球学院新闻发布会时，罗纳尔多大赞：双语主持叶桐，专业！

4. 培养学生的综合能力适应市场需要

学校应该以市场和社会的需要来调整自己的人才培养模式，注重学生综合素质的培养和提高。在课程设置上，既要重视播音专业知识的学习，又要拓宽学生的视野，扩大学生的知识面。同时还要重视学生播音主持知识的学习和实践，提高学生的文化素养和职业竞争力。在播音专业教学改革时，应充分注意课程设置的合理性和实用性，在培养学生综合竞争力的同时，提高学生的播音专业技能。

总之，人文素养是诸多素质中最具根本性的素质，它对其他素质的形成和发展具有很强的渗透力和影响力。加强人文素养的培育是现代艺术教育的必然趋势，更是对艺术人才的必然要求，也是培养出符合职业发展需求的双语播音主持专业学生的必然之路。

参考文献：

[1] 王芳. 高职英语教学中的人文素质教育研究[J]. 烟台职业学院学报，2015（4）.

[2] 杨玲玲. 基于职业发展需求的高职学生人文素养培养路径探究[J]. 鸭绿江（下半月版），2015，8.

用身边的故事影响身边的人
——以近年来高专会华南理工大学获奖作品为例

孙宏志　卢庆雷

2010年12月18日晚7时，广州2010年亚运会、亚残运会闭幕前夕，承担了亚运会柔道、摔跤以及亚残运会脑瘫足球等比赛任务的华南理工大学体育馆内一片欢腾，结束了最后一个比赛日的工作人员与志愿者等上千人欢聚一堂，参加团队的联欢晚会。节目开始前，现场播放了由华南理工大学电视台拍摄制作的回顾纪念视频。

从布置场馆到比赛保障，从志愿服务到专业运营，从比赛场地到观众座席……当志愿者们看到雨中自己为观众指路，当安保人员看到严格的安检流程，当媒体运行业务口的同事看到颁奖时的“长枪短炮”，当武警战士看到他们搬运物资时的汗流浃背，当裁判员看到比赛镜头的定格回放，他们一次次地用热烈的掌声表达着内心的激动。一个个精彩的镜头、一个个难忘的瞬间，近3个月的无悔付出浓缩在十分钟的视频里，让辛苦但难忘的回忆成为永久的珍藏。视频还没结束，各个业务口的同事纷纷向学校电视台打听：能否将这个视频分享给大家。当得知视频将会刻碟发放给每一位参与了亚运会、亚残运会华工场馆筹备运行的工作人员后，大家纷纷表示这将是数月辛勤工作的最好总结与最美回报。

“用身边的故事影响身边的人”，作为面向校内师生与校友的电视台，华南理工大学电视台一直明确职责定位，致力于挖掘身边的先进人物、典型经验、正能量故事，经过整理编辑、去粗取精，形成真实可信、易于共鸣、富有事实影响力和艺术感染力的电视作品。在具体的工作过程中，我们主要从 3 个方面来把握这一理念。

第一，多方了解，细心挖掘线索，寻找校园里和校友中间符合要求的新闻素材，同时注重采访报道推出的时机，使观众看到报道的时候没有距离感。

华南理工大学杰出校友，解放军少将、原空军装备部部长魏钢被称作“空军装备的组织者和某种程度的决策者”，对空军装备的飞跃发展做出了突出贡献。不可否认，这样的人物故事一定很精彩。但是如何报道才能让他与校内师生没有距离感呢？在做了大量资料收集工作并多次与魏钢校友进行沟通后，我们决定把报道重心放在两个方面：（1）魏钢校友对空警 –2000、歼 –31、运 –20 等装备研发背景的介绍，以及讲述中国空军首次派运输机赴海外撤侨的意义。（2）作为为数不多的军界校友，魏钢校友对华南理工大学教育的评价、对国防生的期望。显而易见，前者是青年师生日常生活中十分关注的话题，容易引起他们的兴趣；而后者则是对华园生活的回忆、对后来者的指引，也会让师生产生“身边人”的感觉。更难得的是，受母校之邀，魏钢校友专程回校为师生作报告，我们抓住这次机会，拍摄了大量他重返校园后与学生交流、参观校园校史的镜头，使得整个视频内容更充实。电视台工作人员经过精心编辑，一部充满军人豪情又不失校友细腻情感的视频《魏钢——华园走出的解放军少将》在校园播放，受到广大师生的称赞，并获得当年高专会新闻类一等奖的好成绩。

第二，去粗取精，精心凝练主题，利用视频直观的表现形式与编辑技巧来增强感染力，使电视作品全面传达事实，影响他人。

2009 年 3 月，华南理工大学与华大基因研究院联合设立基因组科学创新班，1 年后，由创新班的本科生作为第一作者的多篇文章刊发在国际顶尖期刊 Nature、Science 上，在教育界引起极大的轰动被称为创新人才培养的“华工现象”。和当时很多媒体一样，把关注重点放在科研小牛人身上吗？经过华工电视台负责人和同事们的思考，我们放弃了做人物故事，而是认真走访学院、教务处，采访学校相关领导、教育界专家，还在师生中做调查，最终从回答“钱学森之问”的高度，以拔尖创新人才培养为主题，做了经验报道。视频播出后，引发了对创新班培养模式的关注，以及培养经验的复制推广。在随后的时间里，华工各类创新班纷纷开花结果，产生了更多的高水平论文和科研成果，培养了大批拔尖创新人才。该报道也获高专会肯定，获得当年年度一等奖。

第三，适应形势，多方拓展渠道，及时有效地将电视报道推送到目标群体中间，并产生互动，使电视报道真正发挥其影响力。

过去，高校电视台的播出渠道主要是有线电视，随着时代的进步、技术的发展，有线电视的成本及时空限制愈来愈暴露出传播上的不足，而网络播出方式越来越受大家的欢迎。尤其是近年来移动智能设备的流行，用手机来观看视频又成为流行趋势。如何适应变化，在技术、理念上与时俱进，成为高校电视工作者面临的重要课题。

华南理工大学电视台较早完成了有线电视播出到网络播出的转型，并改变以前每周校园新闻联播的方式，把电视报道分为专题报道、新闻活动等形式，根据其不同的特点，采取不同的网络播出频率。一般来说，单条新闻报道可以做到 1 ~ 2 天内与图文报道同时播出，大大增加了点击量，扩大了受众范围。

微博微信等新媒体流行后，华南理工大学电视台拍摄制作的作品又增加了一个传播渠道。我们认为，微博、微信渠道并不是学校新闻网渠道的补充，而是与其同等重要的传播手段。这是因为新媒体的传播不仅速度更快，而且受众更明确。如获得高专会评比奖项的，由华南理工大学电视台制作的学校风光片、校友宣传片，在学校新闻网上的点击者主要是校内师生，而微信、微博上的转发者绝大部分是准考生、校友的朋友圈或微信群，可以说是在传播效果上实现了“精准打击”。

诚然，在服务师生和校友的同时，高校电视台还担负着外宣的职能，但是外宣不会是无源之水、无根之木，它只能从内宣素材中挖掘整理而来。所以不可以脱离内宣谈外宣，从某种程度上讲，连身边人都影响不了的作品谈何去影响更多的人？

近年来，随着电视拍摄、制作、传播技术的发展，高校电视台面临着去专业化的冲击。然而，只要发挥高校电视台眼界开阔、策划有力的优势，坚持为师生校友服务的理念，“用身边的故事影响身边的人”，高校电视台仍然是高校宣传战线中一支不可忽视的力量。高校电视，仍然大有可为！

扩大校庆社会影响力
全景式展现双甲子办学魅力

——天津大学与天津电视台
联合制作17小时直播校庆节目分析

王聪彬

2015年10月2日，天津大学迎来建校120周年的重要历史节点，这是全体天大人的盛大节日，也是中国高等教育走过双甲子发展历程的重要历史时刻。时值天津大学刚刚迁入海河教育园北洋园新校区，学校积极开展多校区运行的有益探索，因此学校高度重视这次双甲子校庆工作，在新老校区举办了丰富多彩的各类庆祝活动，希望以校庆为契机，进一步总结办学规律，凝聚发展共识，为天津大学新一轮的发展积蓄力量。

在此背景下，如何紧密结合校庆活动，向全体师生、校友和社会公众全面系统解读这所拥有120年办学积淀的高等学府，成为天津大学宣传部重要而艰巨的历史使命。为此，天大宣传部积极开拓思路，在广泛调研的基础上，与天津电视台密切磋商，决定在2015年10月2日校庆日当天，共同推出天津大学建校120周年校庆特别节目，节目从早8点开始至当晚12点结束，时长接近17小时，在天津电视台科教频道播出。这是高校与电视台首次尝试以长时段直播形式宣传校庆，在全国也属首例。

一、精心设计节目内容，全景式反映学校办学传统及现状

宣传部与电视台共同建立多个工作组，围绕节目内容精心设计策划，力求节目既反映热烈隆重的校庆活动，又体现学校悠久的办学历史、卓越的办学成就和雄厚的办学实力。工作组经过多次磋商，确定了将 17 小时节目分为 8 大板块，分时段展示不同内容的方案。8 大板块包括了：宣传片及纪录片板块、庆祝大会板块、人物专题片板块、新校区建设板块、校庆系列活动板块、历史专题片板块、校庆晚会板块，在各板块间穿插校区变迁、高徒谈名师、天大一家人、国内外知名大学校长贺词、世界校友祝福等多个短片。而在各个板块内，则通过演播室访谈、专题片制作等形式反映板块的主要内容。通过这一系列形式多样的节目，向广大师生和校友及社会公众呈现了一所心系家国、生动立体、有血有肉、历史厚重的现代大学良好形象。

二、师生校友广泛参与，打造天大人共同的节目

宣传部广泛调动学校内部师生及校友深度参与到节目制作过程中去，将节目打造成开放的交流平台、各项工作的展示平台。据不完全统计，9 名教师及干部进入直播间作为不同板块的嘉宾接受采访，10 名教师录制了高徒谈名师、天大一家人、中国人等视频短片和专题片，近 100 名世界各地校友在这一平台为母校送上祝福，近 50 名师生和国内外大学校长接受现场采访。同时，学校自主制作的电视节目：国际版宣传片、历史专题片《印迹》、艺术教育专题片《润物无声》、研究生教育 30 周年专题片等在这一平台播出；而学校与央视合作制作的 3 集纪录片《大学之道》《五大道》中反映北洋大学部分的《启蒙》也在不同时段进行了播放。

三、线上线下结合，扩大节目覆盖面

为了进一步扩大科教频道的播出覆盖面，让不同地区、不同收看渠道的观众能够收看到节目，宣传部积极营造观看的便利条件，拓宽传播途径。包括：在老校区体育馆、新校区活动中心专门设置集中观看场地、与乐视网及腾讯视频合作开通校庆直播频道等。通过这些措施，世界各地的校友都能观看到17小时的不间断直播节目，突破了科教频道只能覆盖有线电视网络的限制，最大化的覆盖了有线电视、互联网络及手机移动端网络，观看了此次直播节目的有数十万人次。

四、反思与启示

（1）以校庆为契机，通过社会媒体的视角，全面、系统、生动地向广大师生、校友和社会大众展现了学校，树立了学校良好的社会形象，提升了学校声誉，进而凝聚了发展共识，为学校新一轮的发展营造了良好的舆论基础。

（2）创新了工作模式，通过与专业电视媒体的合作，锻炼了校内宣传队伍的业务能力，积累了宣传素材与发展后劲。同时实现了学校及合作方的互利共赢（中国广播电影电视社会组织联合会授予该节目“大型节目类”二等奖）。

高校电视台如何在校重大活动中发挥其作用
——西南交通大学电视台 120 周年校庆工作回顾

智新一点　陈　薇

相约双甲子，共圆交大梦。2016 年 5 月 15 日，西南交通大学迎来了建校 120 周年华诞。120 年来，学校的建设和发展无不凝结着社会各界和广大校友的鼎力支持和热忱相助。双甲子校庆是学校凝聚力量、共谋发展的盛会，为此学校举办了一系列庆祝活动。校电视台紧紧围绕校庆重点工作，本着“内聚人心，外树形象”的原则，营造良好的校庆氛围，宣传报道了学校 120 年来的辉煌成绩，为“学术校庆、人文校庆、全员校庆”贡献了力量，取得了良好的宣传效果。

一、电视台校庆宣传工作

电视台根据内容安排将工作分为校庆前期、校庆中期和校庆后期三个阶段。下面，我们共同来回顾电视台在校庆工作中的情况。

1. 校庆前期，氛围营造

2016 年 5 月，正逢我校建校 120 周年，我们提前 10 个月时间开始筹划校庆节目。筹备期间我们反复寻求氛围营造需求，不断刷新策划方案，最终拟定下面这份校庆前氛围营造的节目单。

《微言交大史》是我们迎校庆的一个系列节目，主要为大家讲述交大历史上那些不为人知的一个个小故事。每部片子时长基本控制在 10 分钟以内，有《交大第一女生》《钱塘江上的交大人》《越南留学生在交大》3 部片子。我们前期策划的是 6 部，由于拍摄制作周期、选题内容、人员调配等各方面原因最后只完成了 3 部。

《书影时光》也是我们迎校庆的一个系列节目，由 12 位推荐人，分别为同学们来推荐 12 本读物，他们主要包括知名校友，教职工，退休老教授，留学生，外教等。每期节目时长基本控制在 5 分钟以内。系列节目也是配合学校读书日活动进行推送的。

《传承智慧之门》是我们在校庆前准备推出的以交通为特色的学校品牌宣传片，主要用于投放高铁移动媒体和户外大屏。片长有严格控制，时长约 1 分钟。这种类型的片子对策划、拍摄、制作等提出了极高的要求。为配合学校“双一流”“名城名校”和轨道交通国家实验室的建设，我们在制作上大胆尝试运用了全三维技术高仿真建模进行校区实验室和历史时、空间的虚拟漫游来进行演绎，用“门”这样一个视觉载体来对交大传承智慧的完美想象，传递精神，传递情感。视觉上，全片以重金属风格为基调，来展现学校的历史厚重感。制作完成后，由于投放对接问题，最后只在北海市市区户外大屏、成都欢乐谷户外大屏、校官方微信平台上进行推出，官微推出后点击量近 5 万次，广受大家好评。

《西南交大形象宣传片》是又一部宣传片，着重学校形象宣传，侧重综合性大学形象。本片以“概念化、符号化的情感表达”作为立足点，从一个原点，将交大的历史、当下及未来进行时空连接，用概念片的方式来完成对交大历史使命及交大精神的艺术表达。这部片子时长 1 分钟，因为是高铁上播出，所以对时间有严格控制。这对我们来讲，同样是一个大的考验。最后，由于各种原因没有投放成功。

校庆专题片《灌输文化尚交通》片长近 40 分钟，分别以“历经风雨，不忘初心”“奋发图强，矢志不渝”“追逐梦想，再续辉煌”3 个篇章来讲述交大的故事。这部专题片我们历时 8 个多月，电视台工作人员几易其稿，最终在校庆前 10 天才呈现在大家面前。值得一提的是，该片在官微上的阅读量达到17.5万次，深受师生员工和校友的好评，引起了不小的轰动。

《2016版校歌MV》是我们为这次校庆重新打造的新版校歌，该片的拍摄方案是在广大师生教职工中进行广泛征集，评选出优胜奖，由电视台来拍摄制作完成。该片也在中国教育电视台《最美校歌》栏目进行播出。

“重走播迁路，共话交大梦”120周年校庆专题活动，电视台负责拍摄整个活动和视频制作工作。我们兵分3路，分别前往贵州平越（福泉）、河北唐山、湖南湘潭杨家滩3个地方，对当地进行历史旧迹的寻访，校友访问等，最后制作完成3部短片。

《全球校友祝福母校120周年华诞》是一部祝福短片集锦，我们自己拍摄一部分祝福，向全球校友征集一部分祝福视频进行编辑。校庆前，在学校各大LED屏上进行播出，营造氛围。

为配合学校120周年校庆氛围营造，同时还完成了《校庆筹备工作系列报道》《走进校史馆》《西南交通大学120周年校庆晚会之幕后揭秘》、献礼校庆原创歌曲MV制作《回家，交大》和120校庆环境综合整治纪录等系列小视频和报道。

此外，我们还配合协助央视科教频道制作播出《唐山的交大记忆》和协助香港卫视播出《开向世界的高铁》，并为其提供了大量相关高清素材和资料。

经过半年左右的拍摄制作，这些节目在校庆前一个月开始陆续推出。近30部片子，达到每天有推送，节目的推出受到师生们的好评，为校庆营造出了浓厚的氛围。

2. 校庆期间的资料收集和宣传

学校校庆系列活动是从5月12日—5月16日，在这期间电视台拍摄了大量珍贵的视频资料，5天14项活动全程被记录下来。同时，电视台还采访了众多嘉宾、校友，为学校留下了宝贵的视频资料；每天我们还推出了大量的校庆活动现场报道和秒拍视频，为不能到现场参加活动的师生校友打开了关注校庆动态的窗口。几天时间共计推出节目10期，秒拍视频近百条，同时努力保证时效性，基本上达到当天活动当天上；我们还为央视《新闻联播》、香港卫视综合台、台湾中天《西望成都》等栏目输出我校视频素材，为外媒宣传报道我校提供了大量资源和拍摄帮助；校庆期间，为方便各个校区、不同人群都能够观看到校庆活动内容，我们还进行了《轨道交通前沿科技论坛》四机位的全程网络直播。

3. 校庆后期，继续推高宣传高度，学校知名度和美誉度大幅提升

我们主动策划，结合学校重点工作，精心选择亮点，积极主动提供各类视频素材和历史资料，与主流媒体深度合作，以内容赢得媒体，以质量传播学校，完成了一系列外宣工作：5月21日，《新闻联播》头条用近5分钟的时间，以《科技成果确权　自主创新提速》为题，报道了西南交通大学在加速科技成果转化中的新尝试和新实践；5月6日，《新闻联播》以《国内首条中低速磁浮快线投入试运营》为题，报道了西南交通大学参与研制的湖南长沙中低速磁浮快线正式进入试运营阶段。同时，中央电视台《朝闻天下》节目和《中国新闻》节目播出《世界最长中低速磁浮线载客运行成世界上第三个掌握该技术国家》；中国教育电视台《中国教育报道》栏目连续两期播出了《西南交通大学：为磁悬浮列车插上“翅膀”》《西南交通大学：牵引“高铁梦”》；四川卫视《四川新闻》、湖南卫视《湖南新闻联播》等也纷纷聚焦西南交通大学高铁、磁悬浮领域前沿研究成果。校庆对外宣传工作取得良好效果。截至5月23日，在各类电视媒体亮相共计12次。2次亮相中央电视台《新闻联播》CCTC-1，2次亮相央视新闻频道CCTV-13，2次亮相中国教育电视台，1次亮相央视国际频道CCTV-4，四川卫视、江苏卫视、湖南卫视各亮相1次。我们借助国内各大电视媒体平台，深度合作，大幅提升了学校知名度和美誉度，取得了良好的效果。

二、电视台能成功完成任务的关键因素

此次120周年校庆工作，电视台能在巨大压力下成功地完成众多任

务，主要归因于以下5大关键因素：一是广泛动员，充分发动，上下一心。全台人员心往一处想，劲往一处使，全身心投入校庆，齐心协力共同做好校庆工作。二是方向明确，定位清晰。围绕校庆四大主题策划节目，有选择性地挖掘选题，充分借助各方力量同学校档案馆、校史专家、图书馆、合联处、校友办等多单位合作。三是统筹谋划，周密部署，指挥有力。部领导抓顶层设计，台内各教师抓落实，全台各新老学生骨干上一线，以一线状态发挥一线作用。四是分工协作，精准施策，执行力强。映像工坊、摄像组、后期组、采访组、主持人组、编导组、新媒体部、技术部等多部门密切配合，扎扎实实做好各项工作。五是宣传到位，凝心聚力，鼓舞士气。充分利用各电视媒体、网站、LED户外大屏、官方微博、官方微信等，展开全面宣传报道。

在校庆的整个过程中，我们的任务很重，压力很大，工作量更是大得惊人。校庆前期，半年时间，基本上每周出1部片。校庆中，5天出10部片，同时还有大量素材资料的拍摄和会议的电视直播，以及后期媒体的联系、素材资料的整理等，也是需要我们去完成的。然而，换个角度思考，我们的各种视频在微信朋友圈、各种公众平台大范围地传播，激发了师生们的自豪感，引发了校友对母校的想念和感恩，也提高了社会对西南交大的关注度。从这个角度出发，我们所做的一切都是值得的。

总体来说，在这次校庆工作中，电视台体现出来的打大战役、兢兢业业的工作态度，以及团结、吃苦、战斗的工作精神，是我们未来工作发展的一笔宝贵财富，对此我们应该认真总结凝练，使之成为我们今后做好各项工作的重要经验和有益参照。

普通校园电视台的便携 EFP 系统的建设与实践

覃东骏

在新媒体时代，传统电视媒体正在经历前所未有的冲击——受众大量流失导致的困局。校园电视台在自身发展过程中也必须紧跟形势，做到台网合一，增加节目传播的路径和方式。校园电视台由于人力紧张和设备匮乏，往往只能采取录播的形式进行自办节目的制作和校园内的有线电视网或者局域网播出。在时效性方面，传统校园电视台的新闻节目已经失去竞争力，而诸多视频直播网络供应商已经异军突起，传统门户网站纷纷建设自己的视频直播平台。校园电视台应该抓住直播浪潮的机遇，大量开展校事活动的全网直播，在新媒体时代搭建全新的播出渠道和平台。

一、直播是新媒体时代校园电视台的基本能力

现场直播已经成为当下传统电视台和视频新媒体一争高下的新战场。校园电视台要扩大自身影响力和话语权就必须进行大量的、专业的高质量的视频直播来吸引校园受众，并将校园节目播放平台由传统校内有线电视网转向面向公众互联网。多年来，大部分校园电视台因为经费和人员的原因，往往是 1 台摄像机就进行“现场直播”。这样的直播其收视效果可想而知。

传统的单机位直播已经不能满足新媒体时代受众对于收视质量和观感的要求，而 EFP（电子户外制作）多机位直播现已成为衡量一个视频直播是否专业的基本要求。

二、校园电视台的 EFP 建设定位

校园电视台在我国学校中可按其承担主要任务的属性分为传媒类专业院校教学实践功能电视台和综合性院校（含中小学、幼儿园）的承担宣传任务的校园媒体功能电视台。

专业院校电视台要考虑学生实践教学和与行业标准接轨，因此其校园 EFP 直播系统建设标准往往与专业广电系统看齐，设备投入经费巨大，系统建设复杂，需要专业工程人员维护和保障。这一类院校的 EFP 系统基本与专业电视台一致，甚至部分院校拥有直播车，如中国传媒大学电视台就与 SONY 共建了 4K 多讯道直播车。但是对于大多数校园电视台来说，这是不可能实施的。

普通校园电视台的 EFP 系统建设应该考虑经济性、实用性、专业性，并结合学校实际专职人员的情况来进行设计和规划。

因此，本文重点探讨普通校园电视台的 EFP 系统建设。下文所指校园电视台均为非传媒类专业院校的普通校园电视台。

三、校园电视台 EFP 系统的建设要求

基于前文提到的经费投入和工程技术人员配备两方面的实际情况，校园电视台一般无法采购专业讯道摄像机，不可能建设符合广电标准的 EFP 系统。那么，什么样的 EFP 系统才是适合校园电视台使用的？

笔者根据自身从事校园电视台直播工作 15 年的经验，认为一个优秀的校园电视台 EFP 系统应该具备以下特征：

（1）性价比高，经费投入少；

（2）系统结构简单，一体化设计；

（3）功能完备，具备信号切换、导播通话、TALLY 基本功能；

（4）讯道布线简单易行；

（5）轻便小巧，便于移动作业，兼顾 ESP（演播室制作）功能。

四、一套适合校园电视台的 EFP 系统实践集成方案

笔者多年来曾使用过以 SONY 为代表的广电标准的专业的 EFP 系统，国内厂家基于洋铭等小型切换台的集成系统以及基于计算机平台和 IO 卡的一体机系统，如励得、大导演、新奥特等。综合而言，广电专业 EFP 设备系统造价昂贵，稳定安全，构成复杂，体量庞大；小型集成系统多采用多芯电缆或者多条电缆，讯道布线复杂烦琐；一体机系统不具备通话和 TALLY 功能，使用不便。而那些需要另外使用无线对讲机进行 EFP 作业的“导播系统”没有 TALLY 系统，摄像员和导播之间要高度紧密配合才能防止“切飞”的工作流程，显然不具备专业性。对于很多校园电视台而言，演播室制作和 EFP 往往共用 1 套设备。在进行校园活动直播时往往需要进行设备拆装作业，这也带来效率低下和设备故障率提高的问题。而 1 套便携的可移动的 EFP 系统就可以实现演播室和户外的不同需求。

1. 系统组成

笔者在所工作单位进行了多种设备的试用以后，选用 BMD 的 ATEM Studio Converter 光纤主站和 ATEM Camera Converter 机位转换器，ATEM Television Studio 6 路切换台，HyperDeck Studio 双盘位固态硬盘录像机，17 英寸专业高清监视器组成了一套满足 4+2 讯道的完整 EFP 系统。系统支持任意的 4 路高清摄像机（具备 HDMI 和 SDI 信号输出接口，单反亦可）机位和 2 路 HDMI 信号输入（课件 PPT 或者高清录像机 / 手提电脑

回放）。前 4 路具备通话、TALLY、视频返送系统支持硬盘录制、字幕、H264 同步采集等功能，系统结构如图 1 所示。

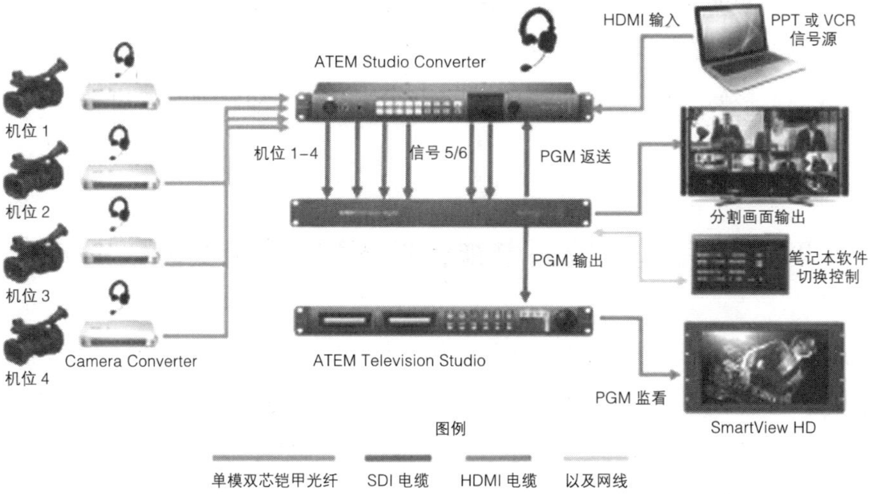

图 1　EFP 系统结构

2. 系统功能

可将上述的 ATEM Studio Converter 光纤主站、ATEM Television Studio 6 路切换台、HyperDeck Studio 双盘位固态硬盘录像机 3 个设备集成到一个 6U 8 寸的航空箱中，此 3 个设备之间的视频连接线均提前可连接好，以后每次使用只需外接摄像机的 4 路光纤，连接分割画面和 PGM 画面监视器，连接笔记本切换控制网线即可开始作业。搭建一个 4 讯道的 EFP 系统只需要半个小时左右即可完成。三个核心设备的集成建议选用 ABS 轻质短款 8 寸航空箱，采购接口面板，加装 1 个电脑用静音风扇解决系统散热问题。本系统可以实现的 EFP 功能如下：

（1）支持 4 路带有 SDI/HDMI 高清接口的摄像机通过单模双芯光纤接入主站，支持 2 路（具有 HDMI 接口的录像机、电脑或者摄像机，例如 GOPRO 直出信号）HDMI 直接输入。

（2）输出 2 路多画面分割预监，含 SDI 和 HDMI 各 1 个。利用 HDMI 接口可实现普通高清电视机分割预监。ATEM Television Studio 内置的多画面分割输出可在 1 台 HDMI 电视机上显示多达 10 路视频信号的画面，可以在 1 台显示器上同时查看到各机位、图文、预监以及最终的节目输出画面。它还有自定义标签和安全框设定等更多功能。分割输出提供了完美的多机位监看方案。

（3）PGM 节目输出利用硬盘录机接口板一共获得 4 路高清 SDI 信号输出（环出，输出 1，输出 2，监视 1），不用采购视频分配器即可满足 PGM 监看、大屏幕、网络直播等其他视频需求；PGM 节目 HDMI 信号输出 2 路（切换台、录机各一），可满足普通高清电视机监看和监听。

（4）ATEM Television Studio 主机支持字幕功能。其内置 2 个下游键，2 个媒体播放器帧存，可容纳 20 个素材图文。只要载入图文就可轻松自定义精彩的字幕和图标。使用切换台自带的 Photoshop 插件就可以从 Photoshop 直接将图文导入 ATEM 媒体池。只需几秒钟就可以将图文信息添加到直播画面。

（5）ATEM Television Studio 主机自带免费软件控制面板，界面设计美观，可以完全满足丰富的制作创意和控制，所有操作均可通过 Mac 或 PC、笔记本电脑完成。无须采购硬件切换台面板，让用户以更低成本步入现场制作领域。软件控制能提供各类专业转场，包括混合、划像及浸入等各种类别。它内置各类转场，可调节边框、位置和方向等参数。可使用 Preview Transition 预监转场按钮事先预览转场效果，确保制作全程准确无误。如图 2 所示，依次为切换控制界面、媒体管理界面、音频调节界面、摄影机控制界面。

（6）ATEM Television Studio 主机 ATEM 的内置调音台使用便捷，可混合各路摄影机和 AES 数字音频输入。只要点击 Mac 或 PC 上的调音台控制标签，就能进入完整的多轨道混合控制界面，还有多个电平表可供您参照。可精确调整来自摄影机和外部音频的各项电平及平衡参数，并可快速启用或禁用各个声道，还可将音频设置为音频跟随视频模式。在实践应用中，无须采购模拟到数字音频的转换器。可以在录制现场就近将音响系统的调音台信号输入到某个机位即可（摄像机音频选择 LINE IN）。

（7）ATEM Television Studio 主机可以同时通过 USB2.0 接口为笔记本

图 2　软件控制面板

电脑提供 H264 编码的节目 PGM 信号采集功能。因此本系统具有双备份录像功能：硬盘录机录制最高质量无压缩视频或 ProRes、DNxHD 格式压缩视频；笔记本电脑可以实现 H264 编码文件采集 PGM 信号。

（8）ATEM Television Studio 配备一个上游键控，具有全面的绿屏拍摄色键抠像功能。它能载入渲染背景，并结合使用色键抠像器来制作出炫目的虚拟演播室效果。这一上游键控包括色键、图案键、形状键和线性键。

（9）支持以太网协作功能。只需要 1 台以太网交换机，进行复杂节目制作时候，切换、调音、字幕、媒体控制和摄影机控制（只支持 BMD 摄影机）均可以同时分别采用笔记本电脑进行分工协作，如图 3 所示。

（10）ATEM Studio Converter 光纤主站和 ATEM Camara Converter 光纤分站支持全双工对讲，提供返送信号和红色 TALLY 指示。在实践应用中，通常可为摄像机配备廉价的 HDMI 接口的 7 寸监视器连接分站用于监看本机画面或者 PGM 返送画面。当监看本机画面时，TALLY 信号以在本机画面上叠加红框的形式显示，光纤分站的前后 TALLY 灯也会点亮。值得一提的是，本系统可以使用普通的电脑耳机麦克风即可满足一般导播通

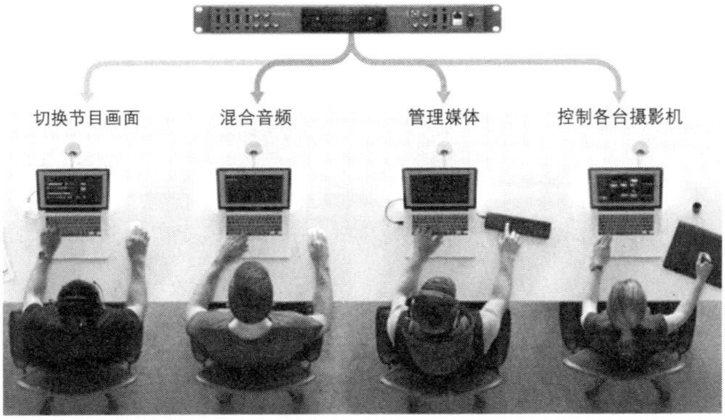

图 3　分工协作图

图 4　光纤分站的机位

话使用需求。在实践中，运用机位分站的 PGM SDI 输出可以为其他设备提供 PGM 信号。如：大屏幕，VIP 座席等。图 4 为采用光纤分站的机位。

（11）本系统尺寸小巧，重量适中，便于运输和携带。一个人可以轻松的携带除摄像机、三脚架以外的全部 EFP 设备。1 台紧凑型小轿车也可以轻松装载全部设备。部分 EFP 设备如图 5 所示。

图 5　部分 EFP 设备

（12）采用光纤讯道的优势：重量轻。本系统使用的单模双芯铠甲光缆很轻，是传统视频电缆的 1/10。一个人可以轻松携带 4 条各 100 米的光纤。布线作业简单。每个机位仅架设1条光纤即可。传输距离超长。光纤系统还解决了传统讯道或普通视频电缆的传输距离最大150米的问题。在实践中，笔者使用本系统架设过离切换台3千米的机位，所有功能完全正常。

综上所述，采用BMD的ATEM Studio Converter光纤主站和ATEM Camera Converter机位分站，ATEM Television Studio 6路切换台，HyperDeck Studio双盘位固态硬盘录像机，17英寸专业高清监视器组成的4+2讯道的EFP系统完全适合校园电视台使用的需求。

表1 参考价格（BMD官网挂牌价格）单位：人民币（元）

品名	单价	数量	合计（元）
ATEM Studio Converter 光纤主站	15750	1	15750
ATEM Television Studio 6 路切换台	7850	1	7850
17 寸 SmartView HD 专业高清监视器	7100	1	7100 可用电视电视
HyperDeck Studio 双盘位录像机	7850	1	7850
1U 机架式 12V8 组集中电源供应器	1000	1	1000
ATEM Camera Converter 机位分站	4700	4	18800
100 米单模双芯铠甲光缆 LC-LC	500	4	2000
ABS 航空箱 6U（8 寸深度）	500	2	1000
笔记本电脑、交换机为选件			61350